AK Trivia Book No. 21

도해 図解 紋章 문장

신노 케이 저

문장을 소유하지 않은 사람들을 위한 문장 작성 강좌 그 첫 번째
How to organizing your Heraldry 1

우리는 서양 귀족이 아니기 때문에 문장을 가지고 있지 않다.
그래도 문장을 갖고 싶다!! 라고 외치는 당신. 그렇다면 한번 만들어보자!

❶우선 이미지를 상상한다
「어떤 문장으로 만들까」라는 생각을 막연히 해보자. 멋진 문장이라든지 강해 보이는 문장이라든지 귀여운 문장이라든지 무서운 문장이라든지 아니면 기하학적인 무늬의 문장이라든지. 일단 대강이라도 정해놓아야만 진도를 나갈 수 있다.

❷중심이 되는 디자인을 정한다
문장의 중심이 되는 도안을 한 개나 두 개 정해보자. 무조건 멋진 것도 좋지만 직업이나 이름을 암시하는 요소를 선택하는 것도 재치가 느껴져서 좋다. 어떤 도안을 사용할지 선택하는 것은 전부 자유다.

❸부수적인 부분을 정한다
❷에서 정한 도안을 더욱 돋보이게 할 만한 소재를 고른다. 오디너리즈나 파티 같은 추상적인 도형을 활용하는 것도 좋다.

❹색깔을 정하고 배치한다
문장의 색깔 규칙에 주의하며 각 도안의 색(기본적으로 단색)을 정하고, 방패 안에 배치해보자.

❺누가 이용한 적이 있는지 확인한다
❹에서 만든 문장을 누가 이미 사용하고 있는지 없는지 조사해보자. 같은 문장을 사용할 수 있는 사람은 한 사람뿐이라는 규칙이 있다. 안타깝게도 먼저 사용하고 있는 사람이 있다면 ❷로 돌아가서 다시 시작하자.

(6쪽에 계속)

문장.

아랫부분이 부드러운 곡선을 그리는 오각형 테두리 안에 사자나 용, 십자가 같은 그림이 그려진 도안을 말한다. 영화나 만화, 애니메이션, 게임 또는 서양의 귀족 사회를 그린 격식이 높은 회화 등에서, 아마도 많은 사람들이 이런 도안을 보았을 것이다.

하지만 이러한 인상적인 「표지(標識)」가 현실 사회에서 어떠한 취급을 받고 있는지, 어떠한 규칙 아래 만들어지는 것인지를 아는 사람은 그리 많지 않으리라 생각한다.

그저 막연하게 국기나 군단기의 도안이나 일본의 「가문(家紋)」과 비슷한 것으로 인식하는 사람이 많을 것이다. 그러한 여러 「표지」와 문장은 자주 혼동되고 있으며, 학술적으로는 문장이 아닌 것도 문장으로 인식되고 있는 상황이다.

뛰어난 디자인성과 함께 유럽의 역사·시각 문화와 밀접하게 관련되어 있지만 우리에게는 그것이 과연 어떠한 상징체계인지 잘 알려지지 않았다. 그 원인에 대해선 여러 가지로 생각할 수 있겠지만, 문장이 가진 특유의 복잡한 규칙도 그중 하나이리라. 문장은 기나긴 역사 속에서 독자적인 규칙이 만들어졌고, 예외도 물론 많지만 대부분 그 규칙들을 지키며 사용되었다.

이 책에서는 우리가 「본 적은 있지만 낯선」 존재인 문장에 대해 그 성립부터 기본적인 구성 및 문장의 각 부분에 관한 해설을 하면서, 유럽 역사 속 위인들 중 저명한 인물의 문장이나 특징적인 문장을 소유하고 있던 인물을 함께 소개하고자 한다.

독자 여러분에게 이 책이 문장이라는 독특한 유럽 문화를 이해하는 데 일조했으면 좋겠고, 더 나아가 흥미로 이어지는 계기가 되길 바란다.

신노 케이

목차

문장을 소유하지 않은 사람들을 위한 문장 작성 강좌 그 두 번째

How to organizing your Heraldry 2

앞에서 문장을 만들었으니 이번에는 대문장 작성에 도전해보자!

❶투구와 투구 장식을 정한다

문장 위에 얹을 투구와 투구 장식 도안을 선택하자. 왕족이나 귀족밖에 쓸 수 없는 디자인도 있으니 주의해야 한다.

❷목걸이를 정한다

문장에 목걸이 모양의 장식을 추가한다. 하지만 자격이 없으면 쓸 수 없는 목걸이도 있으니까 주의하자.

❸받침대와 스크롤, 서포터를 정한다

문장 아래와 양옆에 배치할 디자인을 정한다. 디자인에 제한은 없다. 서포터는 시대에 맞게 로봇도 괜찮다. 스크롤에는 모토, 즉 좌우명을 기입하는데, 이때 조금만 노력해서 라틴어로 써넣으면 그럴 듯한 모양새가 나온다.

❹배경 장식을 정한다

천막이나 위계복과 같은 배경 장식을 고르자. 작위에 따라 사용할 수 있는 디자인에 제약이 있으므로 주의한다.

이것으로 문장과 대문장은 완성이다.

영국과 같은 나라에서는 여기서 더 나아가 문장원에 낼 신청 서류를 만들거나 승인 허가를 기다리는 등 시간이 걸리겠지만, 문장원은 물론 문장에 관한 법률도 없는 우리나라에서는 이것으로 OK다.

이제 함께 문장 라이프를 즐겨보자!

제1장
문장이란?

문장이란?

What's about Heraldry

문장은 유럽 세계의 디자인 이미지의 대표적인 존재다. 모든 상황에서 항상 문장이 등장했으며 다양한 역할을 수행했다.

● 문장이란?

문장은 유럽 역사 속에서 일어난 모든 상황에 등장했다.

성문이나 기사의 방패 등 다양한 장소에서 보이는 화려하고 멋진 마크——「문장」이라는 단어에서 우리가 생각하는 이미지는 그런 것이리라. 사실 유럽 세계, 혹은 유럽풍처럼 느껴지는 세계를 무대로 한 창작 이야기에서 문장은 언제나 왕과 귀족의 권력, 권위와 함께 등장한다.

하지만 그러한 창작 속에서 보여주는 문장의 모양, 사용 방법은 과연 제대로 된 것이었을까?

유럽 역사 속에서는 문장과 관련하여 주로 세 종류의 이용법이 있었다.

첫 번째는 「신분 증명」. 문장에는 그것을 사용하는 사람의 신원을 증명하는 역할이 있었다. 특히 전장이나 **기마 시합**과 같이 전신을 갑옷으로 가리는 자리에서는 문장만이 「그 사람이 누구인지」를 알 수 있는 실마리였다.

두 번째는 「주문의 표시」. 가장 일상적인 이용법으로, 물품이나 작업 발주의 증거로서 사용되었다. 오늘날 서명에 해당하는 쓰임새이다.

세 번째 사용 방법은 「소유의 증표」이다. 문장이 부여된 물품에는 그 문장을 사용하는 사람의 소유물이라는 주장이 담겨져 있었다. 이 사용법에서 파생된 것으로 「귀족이나 영주가 자신의 영지를 알린다」는 쓰임새도 있다.

이 세 가지가 사회 관습적인 요구로 인한 이용법이다.

하지만 그러한 요소가 전혀 없이 「장식 이미지」라는 이용법도 있었다. 이것은 말 그대로 장식 무늬로 사용하는 방법으로, 여기에는 법적 근거, 권리 주장과 같은 실리적, 관습적인 의미는 포함되어 있지 않았다. 시대가 흐르면서 이 네 번째 이용법을 사용하는 경우가 점점 늘어갔다.

문장의 역할

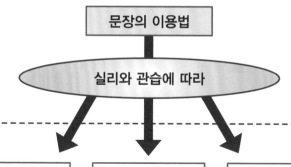

문장의 이용법

실리와 관습에 따라

| 신분의 증명 | 주문의 표시 | 소유의 증표 |

갑옷에 가려 얼굴과 체격을 알 수 없는 전장이나 기마 시합에서는 개인을 나타내는 표지가 되었다.

매매나 작업 발주가 확실하게 됐다는 보증.

소유자를 확실하게 알리기 위해서. 영지에 내건 기(旗)도 그의 일종.

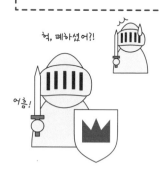

그리고
&

장식으로

시대 흐름에 따라 점점 증가했다.

• 건물 장식으로
• 실내 인테리어로
• 액세서리나 의복의 디자인으로
• 그 외 기타

용어해설
● **기마 시합**→기사들이 치룬 모의 전투. 12세기부터 16세기에 걸쳐 자주 열렸다.

문장의 기원

Born of Heraldry

개인을 나타내고 특정하기 위한 도형은 고대부터 존재했다. 그러나 현대까지 이어지는 문장의 계보는 십자군 시대에 시작되었다.

● 여러 기원설

예로부터 인류는 「무언가를 상징하는 문자 이외의 기호」를 사용해 왔다.

그것은 국가나 조직, 군대 등 소속된 조직을 나타내는 마크나 혹은 수호신이 내린 가호의 증표였다. 물론 개인을 나타내는 기호로서의 표지이기도 했지만, 오늘날의 「문장」과는 전혀 다른 성질의 것이었다.

현재 사용하는 문장으로 이어지는 개인 판별표의 기원에 대해선 여러 가지 설이 있다.

아담이나 노아 같은 성서 속 인물이 창설했다는 설도 있고, 알렉산더 대왕이나 줄리어스 시저 같은 고대 정복왕이 사용했다는 설, 또는 전설의 아서 왕이 문장을 사용한 최초의 인물이라는 설 등이 있지만, 이것들은 모두 근거가 없는 설이다.

문장학자들이 오랫동안 주장해 왔던 주요한 설은 다음 세 가지다.

첫 번째는 고대 그리스 및 로마 제국의 군사용 식별표나 귀족의 가계 표시가 직접적인 원형이라는 설. 주로 중세부터 16세기 전후 영국과 프랑스의 문장학자가 선호한 설이다.

두 번째 설은 북유럽의 룬 문자나 게르만족이 사용한 상징적 기호에서 기원을 찾는 설. 독일인 문장학자가 지지한 설이다.

그리고 세 번째 설은 십자군이 이슬람 세계에서 가지고 온 관습이라는 설로, 대다수의 문장학자가 지지했다.

현재에는 이 주요한 세 가지 설도 부정되고 있으며, 오늘날 문장학계에서는 문장의 기원이 제2차 십자군 원정(1147~1148년) 전후 시대라는 주장이 가장 유력한 설로 자리매김하고 있다.

이 시대는 기사들이 오로지 중장비만을 고집하던 시대라 전신을 금속 갑옷으로 가렸기 때문에 외관으로 사람을 판별할 수 없었다. 그래서 개인 식별표인 문장이 탄생한 것이다.

문장의 기원

문장의 기원은?

고대 그리스나 로마 제국의 군사용 식별표

북유럽 룬 문자나 게르만족이 사용하던 상징적 기호

십자군이 이슬람 세계에서 가져온 관습

현재에는 부정되고 있다.

유력

시기는 제2차 십자군 원정(1147~1148년) 전후 시대

기사의 중장비화 격심.

↓

외관으로 사람을 판별할 수 없다.

↓

개인 식별표로 문장이 발생.

문장의 성립

Existence to Heraldry

기사들의 개인 식별 무늬였던 문장은, 문장을 판별하는 관리와 그 기록집의 등장과 함께 개인에서 가계를 나타내는 존재로 변하였다

● 개인 식별표에서 문장으로

오늘날 우리가 사용하는 문장의 원조 격인 식별표가 등장한 것은 제2차 십자군 원정 전후의 시대, 다시 말해 12세기 전반이라는 것이 현재 문장학계에서 유력시되고 있는 주장이다.

이 무렵에 등장한 문장은 기하학적인 무늬나 동식물을 모티브로 한 도안을 사용했으며, 고대부터 식별표로 사용했던 표지와 거의 다를 바 없는 것이었다고 한다.

또 문장을 사용하는 상황도 한정적이어서 기사들의 방패에 그리는 정도가 고작이였다. 게다가 십자군 원정이 활발한 시대라고 해도 사실 전투는 그렇게 자주 발생하지는 않았기에, 전쟁보다도 기사들의 기마 시합에서 보는 경우가 많았다고 한다.

중세 유럽에서는 기사들이 참여하는 기마 시합이 성행했다. 유럽에서 기마 시합은 기사들이 활약하는 주 무대이자 무술 실력과 기사도 정신을 닦는 학교였다. 기사 중에서도 영지를 소유하지 않은 사람들에게는 활약해서 입신양명의 기회를 얻을 수 있는 자리이기도 했다. 따라서 「개인을 나타내는 기호」로 문장이 자주 사용되었다. 즉, 문장이 발전하기에는 그야말로 더 없이 좋은 자리였던 것이다.

기사들이 사용하던 표지가 오늘날 우리가 사용하는 문장이 된 것은 문장관이라는 관리가 기록하고 집대성한 도감 「문장감」이 만들어지고 난 후의 일이다.

문장관과 문장감이 등장함으로써 그 전까지는 단순히 개인을 식별하는 그림에 지나지 않았던 것에 일정한 규칙이 만들어지고 지켜야 할 이용법이나 작성 규정이 정해졌으며, 더 나아가 친자관계나 혼인관계, 까마득히 먼 혈연관계까지도 나타내는 존재로 승화했다.

12세기 초

문장의 원조 등장

식별표. 고대의 것과 거의 다를 바 없는 도안

바이외 태피스트리에서. 11세기 중반 노르만 기사

12세기 노르웨이에서 제작된 태피스트리에서

13세기 후반 기사

시대의 요구

중장비를 착용하고 참여하는 기마 시합 성행

방패에 개인을 식별하는 기호 표시 ➡ 승리를 과시 ➡ 영지 획득·출세

문장관 등장!

문장 작성과 이용을 규칙화

혼인관계·혈연관계까지 나타낸다.

누가 문장을 사용했나?

Who's the own Heraldry?

문장은 왕후 귀족이 소유한 것으로 알려져 있지만, 실제로는 다방면에 걸친 사람들이 그것을 활용하였다.

●문장을 이용한 사람들

12세기에 탄생한 문장은 십자군 원정이나 기마 시합과 같은 상황에서 이용되었으며, 따라서 등장 초기에 문장을 사용한 것은 주로 **기사계급** 사람들이었다.

그 후 유럽의 왕족이나 대귀족, 대영주가 이용하게 되기까지, 그리 많은 시간을 필요로 하지는 않았다. 13세기가 시작될 무렵에는 이미 중소귀족들에게까지 문장을 소유하는 습관이 퍼져 있었다.

또 문장을 이용하는 사람은, 실리적인 이유로 사용하던 전사들이나 **귀족계급**뿐만이 아니었다.

12세기 후반에는 이미 여성이 문장을 이용한 기록이 있었을 뿐만 아니라 13세기에 들어선 후에는 성직자들이 이용하기 시작했으며, 점차 확대되어 중산계급인 시민, 상인과 장인 등이 문장을 소유하게 되었다. 게다가 직업조합이나 시민단체 등의 조직체에서도 이용하기 시작했다.

모두 13세기 초, 그것도 1230년 전후로 일어난 일이다. 14세기가 될 무렵에는 노르망디 지방과 잉글랜드 남부 농민들까지도 문장을 사용하게 되었다.

그러한 가운데 그리스도 교회는 교회 밖 세계에서 탄생한 이 관습에 계속 저항을 했지만, 14세기 초반 무렵에는 시대의 흐름에 굴복하여 교회도 문장을 내걸게 되었다. 그뿐만이 아니라 스테인드글라스나 벽화, 천장화, 제구(祭具) 등에 문장을 적극적으로 그려넣었다.

심지어 문장의 소유자는 실존하는 인물, 단체뿐만이 아니었다. 사람들은 문장을 소유했을 리가 없는 인물, 다시 말해 신이나 그리스도, 아서 왕과 같은 신화나 전설 속 가공인물도 소유했을 것이란 설정을 바탕으로 문장을 만들어내었고, 거의 공식적인 문장으로 취급하게 되었다.

보급되는 문장

12세기 전반

사용자 : 주로 기사.
사용 상황 : 전장이나 기마 시합.

13세기 초

왕족 · 귀족에게까지 널리 퍼진다.

13세기

성직자, 중산계급인 시민, 상인, 장인, 직업
조합이나 시민단체 등도 사용하기 시작한다.

14세기

노르망디 지방과 잉글랜드 남부
농민들도 사용.

용어해설

- **기사계급**→중세 기마 전사. 왕과 성직자에게서 서임을 받으며, 군사적인 지휘권도 가졌다.
- **귀족계급**→중세 이후 칭호를 부여받고 토지 등 통치권과 징세권, 군비(軍備) 등을 보유한 특권계층.

문장의 종류

Many kind of the Heraldries

우리는 잘 모르고 혼동하는 경우가 많지만, 문장은 몇 가지 종류로 나눠져 있다.

● 문장의 종류

「문장」에는 실로 다양한 종류가 있다.

하지만 대부분의 경우, 모든 문장이 혼동되거나 또는 문장에 포함되지 않는 것까지도 섞여서 문장과 똑같은 취급을 받았다. 그 이유는 대다수의 사람들에게 문장이 익숙지 않은 것이기 때문이다.

학술적으로 「문장」으로서 인정되는 것은 네 종류이다.

첫 번째 문장은 「문장」. 방패 모양 테두리에 둘러싸인 단순한 것으로, 영어로 코트 오브 암스(coat of arms), 혹은 스몰 암스(small arms), 아니면 간략하게 암스(arms)라고 한다.

두 번째 문장은 「대문장」이라고 하는 것으로, 문장 주위를 사자, 왕관, 문구를 써넣은 리본 등의 장식품을 배치한 화려한 문장이다. 영어로는 어치브먼트 오브 암스(achievement of arms), 혹은 그레이트 암스(great arms)라고 한다.

세 번째 문장은 「장례 문장」으로, 고인의 문장을 검은색 테두리로 두른 것이다. 이것을 퓨너럴 어치브먼츠(funeral achievements), 또는 해치먼트(hatchment)라고 한다.

네 번째 문장은 「인장」. 문서에 날인을 하거나 혹은 두루마리로 된 문서나 봉투에 넣은 문서를 봉인할 때 사용했다. 영어로는 실(seal)이라고 한다.

이 네 종류가 문장학적으로 취급되는 「문장」들이라 할 수 있다.

일반적으로 우리가 문장이라는 의미로 사용하고 있는 엠블렘(emblem)은 문장학적으로 「표장(標章)」 또는 「표지」라고 하며, 문장과는 구별된다. 그렇지만 사실 문장과의 경계가 모호한 점이 있기에, 학술 파벌이나 시대마다 변하는 주류학설 등에 따라(전부 그런 것은 아니지만) 문장으로 취급되는 경우도 있다.

네 종류의 문장

문장

영어 : coat of arms / small arms / arms
형태 : 방패 모양 테두리에 둘러싸인 단순한 것.

대문장

영어 : achievement of arms / great arms
형태 : 문장 주위에 사자, 왕관, 문구를 써넣은
리본 등 장식품을 배치한 화려한 문장.

장례 문장

영어 : funeral achievements / hatchment
형태 : 고인의 문장을 검은색 테두리로 두른 것.

인장

영어 : seal
용도 : 문서에 날인하거나, 혹은 두루마리로 된
문서나 봉투에 넣은 문서를 봉인할 때
사용했다.

문장과 표장

Emblems are not Arms

우리에게는 헷갈리는 문장과 표장. 이 두 가지 개인 식별 기호에는 어떤 차이점이 있을까?

● 문장과 표장——비슷하지만 다른 두 가지 기호

우리는 「문장」과 「표장」을 자주 혼동한다.

그 혼란의 이유 중 하나로, 문장학에서 표장을 뜻하는 엠블렘(emblem)을 「문장이 등장하기 이전 시대에 사용한, 문장 같은 역할을 한 표장」이라고 정의한 것을 들 수 있다.

표장은 문장보다 더 오래전부터 존재했으며, 그 존재는 그리스나 로마, 혹은 그보다 훨씬 더 과거로 거슬러 올라간다.

문장과 표장의 큰 차이는 「계승되지 않는다」라는 점이다.

문장에는 「변형을 하면서 일족끼리 계승된다」「완전히 똑같은 도안은 존재하지 않는다」라는 규정이 있지만, 표장에는 그런 제한이 없다.

그중에서도 문장을 문장답게 만드는 것은 「형태를 바꾸면서 일족끼리 계승되는 도안이다」라는 규정이다.

● 표장에서 문장으로

다른 학설이나 주장도 많지만, 앞서 말한 대로 문장은 제1차 십자군 원정과 제2차 십자군 원정 기간 사이에 탄생했다는 것이 정설이다.

그렇다면 누가 가장 먼저 문장 형태로 사용했을까? 다른 여러 역사적 관습과 마찬가지로 정확한 것은 불분명하다. 앞서 말했다시피 전설 속 인물이나 역사 속 위인 등에게서 기원을 찾는 설도 있지만, 그것들은 너무 로맨틱해서 역사학적인 설이라고는 하기 어렵다.

현재로는 1010년이라고 기록된 독일 귀족의 비석에 새겨진 것이 가장 오래된 문장이라는 주장이 유력시되고 있으며, 그 주장에 회의적, 또는 부정적인 문장학설이 있기는 하지만, 식별 기호를 문장처럼 이용한 기원을 독일에서 찾는다는 점에서는 대부분 동의를 하고 있다.

문장과 표장의 차이

표장　Emblems

〈표장의 정의〉
- 문장이 등장하기 이전 시대에 사용한 문장적 표장.
- 자손에게 계승되지 않는다.

문장　Arms

11세기경 독일이 식별 기호를 문장처럼 이용한 기원지로 추정된다.

〈문장의 정의〉
- 변형하면서 일족끼리 계승된다.
- 완전히 똑같은 도안은 존재하지 않는다.

대문장

about the Achievement of Arms

화려하고 아름다운 장식으로 꾸며진 대문장. 그것은 어떠한 과정을 거쳐 형성된 것일까?

● 대문장

여러분 중에는 왕성의 알현실이나 왕후 귀족들의 회합 등을 촬영한 사진 및 회화 같은 것에서, 방패 모양의 문장 주위로 왕관과 투구, 사자, 글자를 써넣은 리본이나 나뭇가지 또는 검과 같은 장식이 배치된 문장을 본 사람도 있을 것이다. 이것을 「대문장」이라고 한다.

이 문장이 등장한 시기는 전장에서 화기(火器)가 등장한 후라고 일컬어진다. 전장이나 기마 시합에서 개인을 식별하기 위해 방패에 그려 이용하던 문장은 화기, 그것도 총포가 등장하면서 기사들이 방패를 내려놓음과 동시에 전장에서 추방되었고, 특히 귀족 사회에서는 실용물에서 점점 「가문의 권위를 과시하는 것」이라는 성질로 변해 갔다. 그렇게 해서 등장한 것이 과도할 정도로 장식을 가한 대문장이다.

● 대문장의 구성물

사용된 나라나 시대에 따라 차이는 있지만, 대문장의 부속 구성물에는 대개 공통성이 있다.

우선 첫째로 눈길을 끄는 것은 문장 양옆에 배치한 말과 사자 등의 동물 장식이다. 이것을 서포터라고 하며, 영국에서는 귀족 이상만 이용하도록 한정되어 있었다.

그 다음으로 눈에 띄는 것은 문장 윗부분을 장식한 투구다. 대부분의 경우, 이것은 세 가지 부품으로 구성되어 있다. 투구 장식과 투구, 그리고 관(冠)이다. 이 세 종류 부품의 조합은 문장 소유자의 **작위**에 따라 정해졌다.

그리고 문장 아랫부분의 장식, 이곳에는 가훈이나 신조를 써넣은 스크롤이라는 리본 모양의 장식이나 금속 세공, 목제 받침대 등 여러 형태의 토대 장식물이 배치된다.

대문장의 구조

대문장　achievement of arms / great arms

- 문장 주위로 장식품을 배치한 화려한 문장.
- 귀족 사회에서 「가문의 권위를 과시하는 것」이라는 성질을 띠며 등장했다.

대문장의 구조

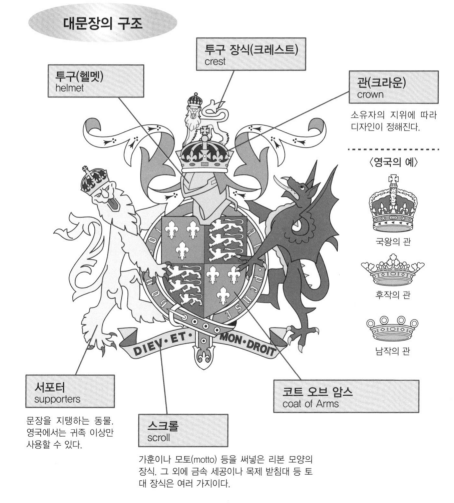

투구 장식(크레스트)
crest

투구(헬멧)
helmet

관(크라운)
crown

소유자의 지위에 따라
디자인이 정해진다.

〈영국의 예〉

국왕의 관

후작의 관

남작의 관

서포터
supporters

문장을 지탱하는 동물.
영국에서는 귀족 이상만
사용할 수 있다.

스크롤
scroll

가훈이나 모토(motto) 등을 써넣은 리본 모양의
장식. 그 외에 금속 세공이나 목제 받침대 등 토
대 장식은 여러 가지이다.

코트 오브 암스
coat of Arms

DIEV · ET · MON · DROIT

용어해설
- ●**작위**→귀족의 서열 순위. 유럽에서는 대공, 공작, 후작, 백작, 자작, 남작 순이 일반적이다.

그 외의 문장 장식

Other Accessaries on Achievement of Arms

웅장하고 아름답게 꾸며진 대문장 중에서도 특히 눈길을 사로잡는 것이 문장을 둘러싼 천막과 목걸이라는 도안들이다.

●배경 장식──로브와 천막

대문장 장식 중에 화려하게 꾸며진 문장의 배경처럼 부속된 천 모양의 장식품이 있다. 이것을 「위계복(位階服)」과 「천막」이라고 한다.

위계복은 귀족의 예복 망토를 본뜬 것이다. 잉글랜드에서는 왼쪽에 흰담비 모피로 만든 띠가 붙기도 하는데, 이것은 작위에 따라 다르며 공작은 네 개, 후작은 세 개 반, 백작은 세 개, 자작은 두 개 반, 남작은 두 개가 붙는다.

위계복과 같은 방법으로 사용되며, 간혹 혼동되는 것으로 「외투」가 있다. 이것들은 투구 맨 윗부분에서 리본 같은 띠가 부채꼴로 퍼지듯이 여러 개 배치되는 것으로, 위계복보다 더 많이 이용되었다.

천막은 왕후 귀족이 사용하는 야영 천막을 본뜬 장식으로, 잉글랜드에서는 거의 사용되지 않으며, 대륙 양식에서만 볼 수 있는 장식으로 생각해도 무방하다.

세 종류의 공통점은, 왕(황제)과 왕세자가 이것들을 사용할 때에는 안쪽 천이 흰담비 모피가 되고, 그 이외의 귀족은 은색이 된다는 점이다.

이 세 가지 이외의 배경 장식으로는, 노포크 공(公)의 「문장원 총재의 지팡이」와 교황의 「성(聖) 베드로의 열쇠」 등 지위를 나타내는 것이 있다.

●주변 장식

대문장의 장식품 중 「받침대」가 있다. 이것은 말 그대로 문장을 받치는 받침대이며, 그 형태는 각양각색으로 사용 기준도 존재하지 않는다.

또 대문장에 부속되는 장식 중 자주 보이는 것으로서 「목걸이」가 있다. 이것은 훈장에서 유래된 것으로, 그 모습도 훈장의 수(綬)를 본떴다. 대부분의 경우, 경식 훈장(목에 거는 훈장)은 그 나라 기사단의 단원장(團員章)이 기본이 된다. 현재도 귀족제나 기사 신분제가 남아 있는 나라에서는 경식 훈장을 서훈 받은 사람은 기사 서훈도 함께 이루어진다.

그 외의 대문장 장식

문장원 총재
노포크 공의 대문장

「문장원 총재」의 지팡이(배턴)

외투(맨틀)
mantle

위계복

목걸이(칼라)
collar

받침대(컴파트먼트)
compartment

잉글랜드 왕
헨리 8세의 대문장(초기)

천막(파빌리온)
pavilion

목걸이

배턴
baton

프랑스 황실
나폴레옹 보나파르트의 대문장

장례 문장

About the Funeral Achievements

문장은 소유자에 관한 정보를 모아서 축적한 것이다. 그리고 소유자가 죽었을 때에는 사망 사실도 알려주는 역할을 한다.

● 사자(死者)의 문장

생명이 있는 것은 언젠가 죽음을 거쳐, 흙으로 돌아간다. 불사가 아닌 인간에게 그것은 반드시 찾아오는 정해진 운명이다. 그리고 장례식을 마치면 그 영혼은 사자의 세계로 떠난다.

그때 사용하는 것이 「장례 문장」이다.

장례 문장은 기본적으로 평소에 쓰던 문장에 테두리가 검은 마름모꼴 받침대가 있는 것을 말한다. 검은색 테두리 안쪽에 배치된 문장에는 대문장만큼은 아니지만 어느 정도 장식이 들어가는 것이 일반적이다.

장례 문장은 매장 당일 아침에 문 앞이나 현관 입구에 게양한다. 그리고 20개월 동안 그대로 두다가 그 후에 교회로 옮긴다. 오늘날에는 20개월이나 게양하는 경우는 드물지만, 교회로 옮겨서 게양하는 습관은 아직도 남아 있다.

● 장례 문장의 구성

장례 문장의 마름모꼴 받침대는 사망한 사람의 입장에 따라 표현 방법이 다르다.

받침대의 표현법은 기본적으로 여덟 종류의 패턴이며, 그 집에서 사망한 사람이 「독신 남성」 「독신 여성」 「남편 사망·아내 생존」 「아내 사망·남편 생존」 「남편 사망·여자 상속인 아내 생존」 「여자 상속인 아내 사망·남편 생존」 「남편 사망·최초의 아내 사망·후처 생존」 「최초의 아내 및 후처 사망·남편 생존」 중 어느 쪽이냐에 따라 각각 다른 문장이 사용된다.

사망 문장에 스크롤 장식을 사용할 때에는 그 인물이 생전에 문장에서 사용한 가훈이나 신조와는 상관없이 "In caelo quies"(하늘에 안식이 있으라)나 "Resurgam"(나 되살아나리니) 중 한 가지 모토를 사용하도록 정해져 있다.

장례 문장의 구조

장례 문장　funeral achievements

- 문장의 소유자가 죽었을 때 사용하는 문장.
- 매장 당일 아침에 문 앞이나 현관 입구에 게양하며, 20개월 동안 그대로 둔 뒤에 교회로 옮긴다.

장례 문장의 구조

문장

받침대
- 테두리가 검은 마름모꼴 받침대.
- 사망한 사람의 입장에 따라 디자인이 다르다.

독신 남성　　독신 여성

남편 사망 ·　　아내 사망 ·
아내 생존　　남편 생존

남편 사망 · 여자　여자 상속인 아내
상속인 아내 생존　사망 · 남편 생존

남편 사망 · 최초　최초의 아내 및
의 아내 사망 ·　후처 사망 · 남편
후처 생존　　　생존

스크롤

그 인물이 생전에 문장에서 사용한 가훈이나 신조와는 상관없이 "In caelo quies"(하늘에 안식이 있으라)나 "Resurgam"(나 되살아나리니) 중 한 가지 모토를 사용한다.

여성의 문장

about the Arms of Ladies

왕, 귀족, 기사들——역사의 표면에 선 남자들뿐만 아니라 여성도 문장을 소유하고 있었다.

●여성의 문장

12세기 말, 문장이 등장한 지 얼마 지나지 않아 문장을 이용하는 여성이 나타나기 시작했다.

이 사실로도 알 수 있듯이 문장 이용은 여성에게도 개방적이었다. 그렇지만 남성과는 그 취급이 조금 달랐다.

미혼 여성은 기본적으로 아버지의 문장과 같은 도안을 사용한다. 그리고 결혼하면 남편의 문장과 합쳐서 그 문장을 공유하게 된다. 이 규칙이 「문장은 혼인 관계를 나타낸다」고 말하는 이유다.

이렇게 혼인해서 만들어진 문장은, 아내가 사망했을 때 일반적으로 아내 가문의 문장을 걷어내고 혼인 전 문장으로 되돌아간다.

하지만 사망한 아내가 여자 상속인(heiress)이었을 경우에는 문장에서 아내의 가문 문장이 사라지지 않고 이후 대대로 계승된다. 그 이유는 여자 상속인이 명칭 자체에서 상상할 수 있듯이 가문의 자산을 상속할 권리를 가진 여성이기 때문이다. 자산을 물려받아야 하는 남자가 없는 집에서는 여성에게 그 권리가 넘어가고 여자 상속인이 된다. 그리고 여자 상속인을 아내로 맞은 남편에게는 아내 가문의 자산 상속권이 부여되는 것이다.

다시 말해 아내가 자산 상속의 정통성을 가진 사실을 나타내는 증표이기도 했다.

●독신 여성의 문장 특징

독신 여성의 문장 도안은 아버지의 문장과 같은 것을 사용하지만, 그 테두리인 방패는 마름모꼴을 쓰는 것이 일반적이었다.

문장학에서 마름모꼴 방패는 남성의 문장에선 사용되지 않는 여성 전용이라고 규칙으로 정해져 있었다. 하지만 여성이 꼭 마름모꼴 방패만 이용했던 것은 아니며, 시장과 같은 직위에 취임한 경우에는 일반적으로 방패를 사용했다.

여성의 문장 변화

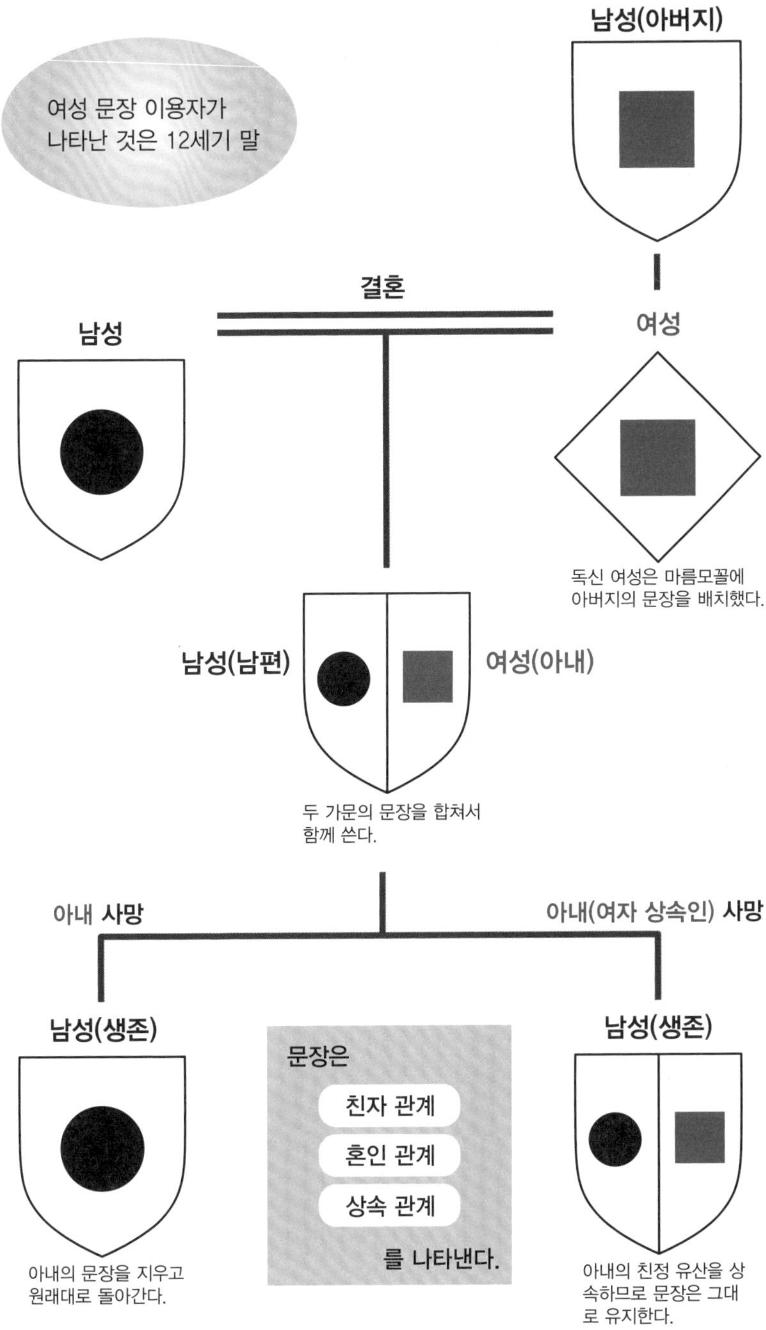

남성(아버지)

여성 문장 이용자가
나타난 것은 12세기 말

결혼

남성

여성

독신 여성은 마름모꼴에
아버지의 문장을 배치했다.

남성(남편)   여성(아내)

두 가문의 문장을 합쳐서
함께 쓴다.

아내 **사망**   아내(여자 상속인) **사망**

남성(생존)   남성(생존)

문장은

친자 관계

혼인 관계

상속 관계

를 나타낸다.

아내의 문장을 지우고
원래대로 돌아간다.

아내의 친정 유산을 상
속하므로 문장은 그대
로 유지한다.

문장의 유형 1 인장

Kins of Heraldry Ⅰ : Seal

문장은 계약서나 공문서의 정당성을 나타내는 용도로도 쓰였다. 그 정도로 문장은 사람들의 생활에 없어선 안 되는 것이 되어갔다.

● 인장에 대해서

유럽 역사상 문장과 함께 자주 쓰인 것으로 실(seal), 즉 「인장」이라는 것이 있다.

오늘날 우리가 생각하는 「실」은 일반적으로 「가게 이름 등을 나타내는 문자나 기호가 그려진 접착테이프」나 「부품 사이의 틈을 막는 충전재, 또는 봉인구」등을 의미한다.

하지만 유럽 역사 속에서 사용해 왔던 방법은 오늘날 우리가 알고 있는 실과 비슷하면서도 달랐다.

중세시대 유럽에서는 각종 문서를 **양피지**에 기록한 뒤 두루마리 형태로 말아서 취급하였다. 이때 사용한 것이 인장이다. 둥글게 만 양피지에 리본을 두르고 그것을 원형 내지는 타원형의 밀랍으로 봉한다. 인장이란 그 밀랍에 각인하는 무늬다. 정확히는 반만 용해된 상태의 밀랍에 인장을 새긴 도구를 눌러 찍어서, 그 무늬가 밀랍 덩어리에 표시되도록 하였다.

인장은 13세기경부터 사용되기 시작했고, 얼마 안 있어 모든 사람이 사용하게 되었다. 일반적으로 인장에 이용된 무늬는 문장의 도안과 같았고, 일설에는 귀족 계급이나 전사 이외의 국민이 문장을 이용하게 된 가장 큰 이유가 이 인장 때문이라고 일컬어지고 있다.

13세기 중반 무렵이 되자 인장은 널리 보편적으로 이용되었고, 모든 계약 문서에는 인장이 찍히게 되었다. 그리고 결국에는 「인장이 없는 증서는 그 정당성이나 진위가 의심스럽다」라고 보는 지경까지 이르게 되었다. 그 때문에 계약을 맺을 때나 또는 공증인으로서 계약 서류를 정리할 때에도 인장이 꼭 필요했다.

이러한 사실로 미루어 인장은 우리가 사용하는 인감과 비슷한 역할을 하고 있었다는 것을 알 수 있다.

인장으로 인해 보급된 문장

「인장=실」의 의미는 「봉인구」

녹인 밀랍에 각인해서 서류를 봉했다. 봉한 것을 열면 밀랍이 부서지며 떨어지기 때문에 개봉한 것이 탄로 난다.

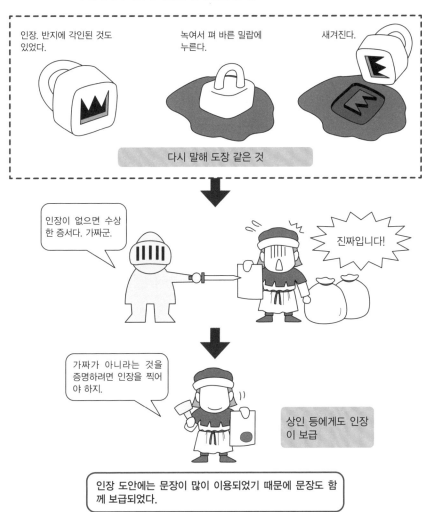

인장. 반지에 각인된 것도 있었다.

녹여서 펴 바른 밀랍에 누른다.

새겨진다.

다시 말해 도장 같은 것

인장이 없으면 수상한 증서다. 가짜군.

진짜입니다!

가짜가 아니라는 것을 증명하려면 인장을 찍어야 하지.

상인 등에게도 인장이 보급

인장 도안에는 문장이 많이 이용되었기 때문에 문장도 함께 보급되었다.

용어해설

● **양피지**→동물의 가죽으로 제작된 종이. 제지 기술이 발달되기 전에 사용되었다. 주로 양이나 산양, 송아지 가죽이 쓰였다.

문장의 유형 2 군기

Kins of Heraldry Ⅱ : Standard and Banner

기사들은 존재를 과시하기 위해 두 가지 도구를 사용했다. 한 가지는 방패 문장, 또 한 가지는 기(旗)이다.

● 군기에 대해서

문장의 유형 중 하나로 「군기」가 있다.

영어로는 스탠다드(standard)라고 한다.

이것은 중세의, 특히 영국 기사들이 사용한 것 중 하나로, 끝이 두 갈래로 나뉘진 이등변삼각형 내지는 직각삼각형의 형태를 가진 깃발이다. 전쟁 시 기사들은 아군 진영에 이 깃발을 세우고 군의 존재를 과시했다.

군기에 사용된 도안 무늬는 문장적 기호였지만, 문장과는 명확한 차이가 있었다. 그것은 기사 개인의 존재를 나타내는 것이 아니라, 기사가 소속한 군이나 조직을 상징하는 것이었다는 점이다. 그 대부분이 국왕이나 기사단장 같은 최고 사령관의 문장 장식인 투구 장식이나 신조, 부문장이 그려진 경우가 일반적이었다. 하지만, 문장 그 자체가 그려진 경우도 있었다.

사용하는 군기에는 규정이 있는데, 국왕은 8~10미터, 후작은 6~8미터, 백작은 4~6미터라는 사실에서 알 수 있듯이 계급에 따라 사용 가능한 크기가 달랐다. 게다가 현재에는 사각 군기나 연대기(colours), 국왕기(Royal standard) 등과 혼동되고 있는 실정이다.

● 사각 군기

군기가 군 등 소속 조직의 존재를 나타내는 것이라면, 사각형 군기는 개인의 존재를 주위에 알리는 것이다. 영어로는 이것을 「배너」(banner)라고 한다.

모양은 정사각형이며 그려진 도안은 군기와 마찬가지로 부문장이 쓰이는 경우가 일반적이었지만, 문장이 사용되는 경우도 많았다. 훗날 군기와 혼동되어 사각 군기를 「스탠다드(standard)」라고 부르기도 하였으나, 반대로 군기가 배너로 불린 적은 없다.

스탠다드와 배너

스탠다드(군기)
standard

군이나 조직을 나타내는 상징

리처드 3세의 스탠다드

헨리 7세의 스탠다드

배너(사각 군기)
banner

개인을 나타내는 깃발

에드워드 3세의
사각 군기

로얄 스탠다드(국왕기)
Royal standard

국왕 개인을 나타내므로 사실은 배너

제임스 1세의 국왕기

31

문장의 유형 3 부문장

Kinds of Heraldry Ⅲ : Badge

문장에는 그 사람에 관한 정보가 많이 담겨 있다. 부문장은 그것을 보충하는 용도로 사용되었다.

●부문장

문장의 유형 중 하나로 「부문장」이라는 것이 있다.

영어로는 배지(badge) 혹은 카그니전스(cognizance)라고 한다.

12세기에 문장이 출현한 이후, 문장으로 자기 존재를 표명하게 되었다. 하지만 그 인물의 소속까지도 문장을 보고 유추하려 하자, 혼란이 생겼다. 그래서 「부문장」이라는 부수적인 표시가 쓰이게 되었다.

부문장은 예전 표장과 비슷한 것으로, 문장 작성 규칙에 얽매이지 않고 자유롭게 디자인되었다.

또 귀속된 조직이나 세력의 상징으로서 군기에 그려졌을 뿐만 아니라, 주종이나 소유의 표시로 쓰인 경우도 있었다. 특히 종자의 경우, 주인에게서 받은 제복 등에 부문장을 다는 경우가 많았다.

일반적으로 부문장의 디자인은 길흉화복에 관련된 것이나 좋아하는 동식물, 또는 출신지를 상징하는 것을 사용하는 경우가 많았지만, 개중에는 재치가 돋보이는 소재도 적지 않았다. 이를테면 14세기 잉글랜드 국왕 **리처드 2세**의 부문장에 사용되었던 사슴 도안은 그의 이름 Richard에서 rich hart(부유한 사슴)가 연상된다는 이유로 채용된 것이다.

부문장이 사용된 대표적인 사건을 들자면, 1455년에 발발한 장미 전쟁이 있다. 영국 전역이 랭커스터 가문과 요크 가문으로 나뉘져 30년 동안 끊임없이 싸운 이 전쟁에서는 랭커스터가에 붙은 사람은 붉은 장미, 요크가에 붙은 사람은 흰 장미 부문장을 군기 같은 곳에 그렸다.

개인 마크인 부문장이지만, 국왕이나 대귀족의 부문장은 국가와 영토를 상징하는 표시로도 쓰이게 되었다. 잉글랜드의 장미, 스코틀랜드의 엉겅퀴, 웨일스의 붉은 용, 아일랜드의 토끼풀 등이 그 예이다.

부문장

- 문장은 개인 소유.
- 그 개인에게 소속된 부하들은 부문장(배지)을 사용했다.

부문장의 실례

리처드 2세
(14세기 잉글랜드 왕)

자신의 이름 Richard와 비슷한 rich hart(부유한 사슴)라는 단어에서 사슴을 도안으로 삼았다.

장미 전쟁(1455~1485년)에서 싸운 두 가문

랭커스터가
(붉은 장미)

요크가
(흰 장미)

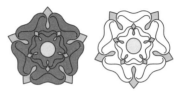

그 배지는 적이구나!

국가의 심볼

잉글랜드
(장미)

스코틀랜드
(엉겅퀴)

웨일스
(붉은 용)

아일랜드
(토끼풀)

용어해설

● **리처드 2세**→에드워드 3세의 손자로 플랜태저넷 왕가 최후의 잉글랜드 왕.

문장관

Born of Heralds, and their Works

문장은 다종다양한 만화경 같은 것이며, 그것을 해독하는 것은 어렵다. 그래서 등장한 것이 문장관이다.

●문장관의 출현

십자군 원정 시대 무렵, 세상에 문장이 등장한 지 얼마 지나지 않아 「문장관」이라는 관직이 생기게 되었다.

영어로는 헤럴드 오브 암스(herald of arms)나 오피서즈 오브 암스(officers of arms), 혹은 단순하게 헤럴드라고 불린 이 관리는, (모두 그랬던 것은 아니지만) 원래는 군사(軍使)나 군 사령사인 주군의 명령을 전선 같은 곳에 전하는 직무를 담당했다.

그들은 왕과 대귀족을 섬기며, 주인의 문장이 그려진 **서코트**나 망토를 입고 전언을 전했다. 그들은 필요에 따라 주인의 신분과 경력이나 주인의 가문에 관한 내력을 이야기하고, 문장에 대해서도 상세히 이야기해야만 했다. 그것이 그들이 전령에서 문장을 다루는 직무로 점점 변화한 원인 중 하나일 것이다.

그리고 15세기 말에 잉글랜드 왕 **리처드 3세**가 문장원을 설립하자, 문장 관리 업무는 물론이고 왕실의 행사와 식순을 도맡아 관리하게 되었다.

●문장관과 기마 시합

귀족을 섬기는 사자였던 문장관들은 중세 기사들의 주 활약 무대였던 기마 시합에 참가하게 된다.

시합의 운영을 관리하고, 사회를 담당했던 것이다.

특히 관객에게 인기도 높아서, 1대1로 치러진 **마상 창 시합**에서는 시합에 참가하는 기사를 소개하는 일도 문장관의 업무였다. 이때 소개되는 기사의 문장이 계양되었다. 마상 창 시합은 문장을 내걸은 기사의 소개가 없으면 시작되지 않았으며, 또 관객이나 관람하는 권력자는 그 소개로 인해 기사의 이름을 알게 되었다. 그런 식으로 젊은 기사들은 이름을 떨치며 관직에 오를 기회를 얻었다.

문장관의 등장

군사

· 군사 명령 등을 전하는 역할.
· 주인을 설명할 때 가계나 문장을 설명.

마침내 문장을 다루는 관리로

문장관 등장

herald of arms / officers of arms

15세기 말 문장원 설립

· 문장을 관리.
· 행사나 식순을 도맡아 관리하게 된다.

독일 서부 겔데른
공 밑에서 일하던
문장관(13세기)

조지 1세(18세기)를
섬기던 문장관의 상의

마상 창 시합의 선수 소개도 문장관의 일

기사의 문장을 게양한다.

다음에 등장할 기사는…….

용어해설

● **서코트**→갑옷 위에 걸치는 상의.
● **리처드 3세**→15세기 잉글랜드 왕으로 장미 전쟁에서 패한 요크가 최후의 왕.
● **마상 창 시합**→기마 시합 경기 중 하나. 서로 상대방을 향해 말을 타고 달린 뒤 엇갈려 지나갈 때 창으로 상대를 찔러 말에서 떨어뜨린다.

문장원

about the College of Arms

개인의 표지였던 문장이 공적인 성질을 띠자 그것을 관리하기 위한 기관이 필요해졌다. 그래서 등장한 것이 문장원이다.

● 문장원

12세기에 문장이 등장하고 그와 동시에 문장 전문가인 문장관이 탄생했다. 왕과 대귀족 등을 섬겼던 그들은 이윽고 국가를 위해 일하게 된다. 1484년, 잉글랜드 왕 리처드 3세가 「문장원」을 설립했던 것이다.

영어로 칼리지 오브 암스(College of Arms), 혹은 헤럴즈 칼리지(Herald's college)라고 불리는 이 조직은 영국 내 문장 인허가를 비롯한 관리 일체를 담당한다. 또 그뿐만이 아니라 대관식이나 왕족의 장례 의식, 국장, 국회 개회식 등 거의 모든 공적 의식은 문장원 총재와 문장관의 출석 아래에서 행해졌다.

현재 문장원이 존속하고 있는 곳은 영국(잉글랜드)뿐이지만, 예전에는 스코틀랜드에도 문장원에 해당하는 기관 스코틀랜드 문장원(Court of the Lord Lyou / Lord Lyon office)이 존재했다.

● 문장원의 조직

영국의 문장원은 문장원 총재를 정점으로 총 열세 명의 문장관에 의해 실무가 수행되고 있다.

문장원 총재(Earl Marshal of England)는 대대로 노포크 공작이 세습한다. 총재는 문장에 관계된 실무에는 관여하지 않고, 각종 의식을 관리하는 역할을 담당한다.

문장 실무에 관한 실질적인 정점은 상급 문장관(King of Arms) 세 명, 그중에서도 다른 상급 문장관 두 명을 통솔하는 가터 프린시펄 킹 오브 암스(Garter Principal King of Arms)는 가터 기사단 사무총장을 겸임한다. 그 아래로 이어서 중급 문장관(Heralds of Arms) 여섯 명, 하급 문장관(Pursuivants of Arms) 네 명이 있다.

문장원

칼리지 오브 암스 / 헤럴즈 칼리지
College of Arms / Herald's college

문장원 총재
Earl Marshal of England
노포크 공작이 세습

상급 문장관
King of Arms
3명

수석 상급 문장관
가터 기사단 사무총장

가터 프린시펄 킹 오브 암스
Garter Principal King of Arms

노로이 앤드 얼스터 킹 오브 암스
Norroy and Ulster King of Arms

클래런수 킹 오브 암스
Clarenceux King of Arms

중급 문장관
Heralds of Arms
6명

윈저 해럴드
Windsor Herald

체스터 해럴드
Chester Herald

랭커스터 해럴드
Lancaster Herald

리치먼드 해럴드
Richmond Herald

서머싯 해럴드
Somerset Herald

요크 해럴드
York Herald

하급 문장관
Pursuivants of Arms
4명

루주 크루아 퍼스위번트
Rouge Croix Pursuivant

블루 맨틀 퍼스위번트
Blue Mantle Pursuivant

루주 드래곤 퍼스위번트
Rouge Dragon Pursuivant

포트컬리스 퍼스위번트
Portcullis Pursuivant

문장감

about the Roll of Arms

문장으로 개인을 특정할 수가 있다. 문장 총감은 신사록적인 존재이기도 하며, 문장관의 필수품이었다.

●문장감

문장의 탄생과 동시에 나타나 문장을 다루는 데에 전문가가 된 문장관이지만, 당연하게도 세상에 있는 문장에 관한 모든 지식을 머릿속에 담고 있지는 못했다. 그래서 비망록이나 참조 서적과 같이 문장 지식을 집대성한 결과물이 존재했다. 그것이 「문장감」이다. 영어로는 롤 오브 암스(roll of arms)라고 한다.

원래는 기마 시합 등의 참가자 등록이나 문장 조사의 기록으로 군사적 성질을 띠었었다. 그러던 것이 시간의 흐름에 따라 다양한 문장 도감으로 만들어지게 된다.

그중에서도 특징적인 것이 1696년에 프랑스에서 편찬된 문장 총감이다. **루이 14세**의 왕명으로 편찬된 이 문장 도감은 **팔츠 계승전쟁**(9년 전쟁. 1688~1697년)의 수행 비용 보충이 목적으로, 문장을 사용하는 사람은 이 총람에 등록해야만 하며, 결코 적지 않은 액수의 등록비를 내야만 했다. 당연히 등록에 응하는 사람은 적었고, 관리가 마음대로 날조해서 요금을 거두는 지경에 이르렀다.

●문장감의 종류

문장감에 관련해서는 다양한 콘셉트가 존재하며, 문장학 대계로는 다섯 종류로 분류된다.

첫 번째는 「도감」(illustrative rolls). 문장 중심이며, 해설 문장이나 삽화로 문장도가 그려진 것을 말한다. 두 번째는 「참가 기록」(occasional rolls)으로, 이것은 각종 행사에 참가한 참가자의 문장을 기록한 것이다. 세 번째 문장감은 「지역별 기록」(local rolls). 각지에서 사용되고 있는 문장을 지역별로 분류한 것. 네 번째 「분류감」(ordinaries)은 문장 각 부분의 종류대로 분류한 것. 마지막 한 가지가 「총람」(general rolls). 모든 문장을 수집할 목적으로 만든 도감이다.

다양한 문장감

나는 문장관. 모든 문장을 기억하고 있지 …….

……라고 하고 싶지만, 문장감이 없으면 일이 안 돌아가.

문장을 사용하는 사람은 이 문장감에 등록해야만 합니다.

지엄하신 루이 14세 국왕 폐하의 명입니다.

루이 14세는 팔츠 계승전쟁의 수행 비용 조달을 위해 문장감을 만든 뒤 강압적으로 등록하여 등록비를 징수했다.

「문장감」
roll of arms
다양한 문장감이 제작되었다.

이보쇼! 어딜 또 도망을! 등록비 빨랑 내세욧!

문장감의 종류

「도감」
illustrative rolls
문장 해설이나 삽화로써 문장이 그려진 것

「총람」
general rolls
문장 수집을 목적으로 한 도감

「참가 기록」
occational rolls
각종 행사에 참가한 사람의 문장을 기록

「분류감」
ordinaries
문장의 각 부분의 종류대로 분류

「지역별 기록」
local rolls
각지에서 쓰이는 문장을 지역별로 분류

용어해설
● 루이 14세→태양왕이라는 이명을 가진 프랑스 왕. 베르사유 궁전을 건축한 왕으로 알려졌다.
● 팔츠 계승전쟁→팔츠 선제후의 딸 엘리자베스와 오를레앙 공작 필리프의 혼인을 이유로, 루이 14세가 영지 상속권을 주장하며 일어난 전쟁. 신성 로마 제국을 맹주로 한 아우크스부르크 동맹과 프랑스가 격돌했다.

프랑스 문장 문화의 쇠퇴

the End of Heraldries in French

유럽 문화사의 꽃 프랑스에서도 문장 문화는 융성했다. 그러나 그것도 혁명극으로 인해 막을 내리게 된다.

● 1789~1799 프랑스 혁명

18세기 말, 유럽 역사에 한 획을 긋는 사건이 일어난다. 민중이 왕가를 타도하고 국민의 목소리로 통치되는 국가가 탄생한 것이다. 바로 프랑스 혁명이다. 이 혁명은 문장 세계에도 큰 영향을 미쳤다.

1790년 6월 19일 프랑스 국민의회는 세습 귀족제도의 철폐를 채결했다. 이때 귀족 계급, 칭호, 제복, 군기, 기사단 등과 함께 「봉건사회의 상징」이란 이유로 문장의 폐지가 결정되었다.

이 당시 문장은 이미 기사나 왕후 귀족만의 전유물이 아니었다. 프랑스에 사는 사람, 조직, 기관, 도시 대다수는 문장을 보유하고 있었다. 통계에 의하면 당시 프랑스에 존재한 문장의 3분의 2는 귀족의 것이 아니었으며, 더욱이 그중 3분의 1(전체의 약 22%)은 단체나 도시의 문장이었다. 그러나 그런 사정이 있었기에 더욱 몽모랑시 자작이 제안한 「봉건사회의 상징」 리스트에 문장을 포함시키는 안이 채택되게 된다.

이 채결은 왕명 하에 같은 해 6월 22일부로 실행되어, 1790년 후반부터 1792년에 걸쳐서 문장 배척이 격렬하게 일어났다. 공사를 구분하지 않고 건물에서는 문장이 벗겨지고 때로는 그 건물 자체가 파괴되는 일도 있었으며, 식기나 은기(銀器), 도기에 붙여진 문장 무늬는 긁어서 제거하였다. 유일한 예외는 「예술적인 가치를 지닌 물품」이었지만, 그것도 박물관 창고 같은 곳에 방치된 채 진열되지는 못했다.

그리고 1792년 9월 21일에 왕정이 폐지되자, 프랑스 왕가의 상징이었던 백합과 왕관 같은 무늬에까지 그 배척의 손길이 뻗쳤다.

점점 더 심해지는 이 문장 배척 운동은 제1 제정 시대의 시작과 함께 종식. 1808년에 **나폴레옹**이 이용자를 귀족으로 제한하는 형식으로 문장 제도를 부활시켰으나, 더 이상 프랑스에 예전과 같은 문장 문화는 돌아오지 않았다.

프랑스 문장 문화의 최후

1789년 프랑스 혁명이 일어나다

1790년 문장 폐지

귀족 제도를 비롯하여 「봉건사회의 상징」을 전부 다 폐지. 문장도 포함된다.

귀족이 아니더라도 문장 사용이 많았지만 몽모랑시 자작은 문장 폐지를 주장했어.

구체제에 권위를 부여한 상징물은 무조건 가만히 둘 수 없었겠지.

이 중에 3분의 1은 단체와 도시

귀족

귀족이외 66%

프랑스 혁명 당시 문장 보유자의 비율

1790~1792년 문장 배척 운동이 격렬하게 일어나다

문장을 건물에서 벗겨냈다. 식기 문장은 긁어서 제거했다.

문장은 전부 처부수자!

1804~1815년 제1 제정시대

문장 배척 운동이 종식된다.

나폴레옹 만세!

문장 같은 것은 그냥 놔 둬. 지금 유행은 나폴레옹이지.

1808년 문장 제도 부활

나폴레옹이 귀족에 한해 문장 제도를 부활시킨다. 그러나,

문장 문화는 예전만큼 부흥하지 못했다

용어해설

● **나폴레옹**→18세기 프랑스의 군인. 프랑스 혁명 후 혼란을 수습하며 독재 정권을 구축한다.

41

문장의 색채

Tinctures

다양한 색채로 선명하게 채색된 문장. 문장에 사용된 색깔에도 규정은 존재했다.

● 문장에 쓰인 색채

대부분의 경우, 문장은 화려하게 채색되어 있다.

전장 같은 곳에서 적과 아군, 그리고 개인의 식별을 위해, 문장을 사용하기 이전의 표장에는 흰색, 검은색, 붉은색, 이 세 가지 색깔로 그려진 것이 많았다. 이것은 눈으로 보고 쉽게 확인하기 위한 것이라 추측된다.

문장을 그리는 데에 사용되는 색깔은 자유롭지 않았다. 문장에 사용되는 색깔은 아홉 가지로, 프랑스 문장학에서는 전용 이름까지 붙어 있다.

주로 사용된 색깔은 「금색(황색)」 「은색(흰색)」 「빨간색」 「파란색」 「검은색」 「초록색」 「보라색」으로, 그중에서도 금색, 은색, 빨간색, 파란색, 검은색은 어느 지역, 어느 시대의 문장에서도 자주 사용되었던 색채이지만, 초록색은 별로 쓰이지 않았으며, 보라색도 예외적인 색으로 거의 쓰이지 않았다. 또 매우 드문 색으로서 「암갈색」과 「황갈색」이 두 가지가 존재한다. 시대나 지방에 따라서는 보라색과 암갈색, 황갈색은 문장색으로 인정하지 않는 경우도 있다.

이 색깔들은 오늘날의 색채학적인 색명이 아니다. 빨간색이라면 주홍색이나 장미색, 검붉은색 등이 전부 빨간색으로 사용되었고, 파란색은 하늘색도 남색도 파란색으로 취급된다. 색조 관계가 없는 추상적이고 개념적인 색깔인 것이다.

또한 이 아홉 가지 색깔은 두 종류로 분류됐다. 금색과 은색은 금속색, 그것을 제외한 일곱 가지 색은 원색으로 구분된다.

색의 배치에도 규칙이 존재해서, 같은 그룹에 소속된 색끼리는 함께 쓰거나, 겹치거나 하는 것이 불가능하다. 바탕색이 빨간색이면, 그 위에 그려진 그림은 금색이나 은색이여만 했다. 다만, 복수의 문장을 합친 경우에는 예외였던 듯하다.

그리고 「모피 무늬」도 색깔로 취급되었다. 이 모피 무늬에는 동물의 모피 무늬뿐만 아니라 물결 무늬나 기하학적인 무늬도 포함되어 있다.

문장의 색깔 사용

> 문장에 사용되는 색깔은 9색으로 한정

금속색　메탈즈(metals)

금색(황색)　오르(or)
은색(흰색)　아르장(argent)

원색　컬러즈(colours)

빨간색　굴즈(gules)
파란색　아주어(azure)
검은색　사블(sable)
초록색　베르(vert)
보라색　퍼퓨어(purpure)
암갈색　상긴(sanguine)
황갈색　텐느(tenné)

자주 사용된 다섯 가지 색

문장색은 개념적인 「색」

 적 ▶ 주홍색, 장미색, 검붉은 색 등도 빨간색

 청 ▶ 하늘색도 남색도 파란색

많이 사용되지 않았다

거의 사용되지 않았다

시대나 지방에 따라서는 보라색과 암갈색, 황갈색은 문장색으로 인정하지 않는 경우도 있었다.

모피색　퍼(fur)

동물의 모피무늬

물결무늬

기하학적인 무늬

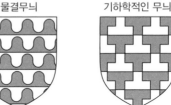

색의 규칙

• 금속색, 원색끼리는 함께 쓰거나 겹쳐 쓸 수 없다.

　예: ----------------------
　바탕색=빨간색(원색)
　위에 그려진 그림=금속색인 금색이나 은색만

• 문장을 여러 개 합칠 경우에는 예외였던 듯 하다.

NO!

OK!

빨간색

파란색

빨간색

금 또는 은

단색 인쇄에서 색채를 표현하는 방법

System of Petra Sancta

문장은 여러 색깔을 배합한 그림이다. 그러나 문장을 기록하는 문장감은 단색 잉크로 기록되었다. 그래서 표현 규칙이 필요해졌다.

● 단색에서 색채를 표현할 때의 규칙

근대에 접어들기 전까지 서적을 다색 인쇄하는 경우는 거의 드물었다. 기술적으로 불가능하지는 않았지만 문장감처럼 다양한 색채를 가진 그림을 대량으로 수록한 서적을 다색 인쇄하는 것은 들이는 공에 비해 얻을 수 있는 효과가 적어서 비현실적이라고 말할 수밖에 없었다.

그럼에도 불구하고 문장이 복수의 색채로 구성되고 있는 그림인 이상, 문장관, 문장학자들은 어떻게든 그 「색깔」을 재현하려고 노력했다. 색깔이 다르면 문장의 개체 정보, 즉 문장의 소유자도 변화하기 때문에 당연한 일이었다.

단색 인쇄에서 색채를 재현하고자 하는 시도는 각국에서 진행되었다. 그런 가운데 한 가지 재현법이 고안된다.

이탈리아의 **예수회** 신부이자 문장학자였던 실베스터 페툴라 산크타가 1638년에 고안한 방법은 간단하면서도 효과적이어서 각국에서 도입하게 된다.

페툴라 산크타 방식에서는 암갈색 이외의 여덟 가지 색을 점과 선으로 재현한다. 금속색 중에서 금색은 점묘로, 은색은 민무늬로 표현된다.

그에 비해 원색인 여섯 색깔은 선으로 표시된다. 색깔 각각의 경우를 살펴보자면, 빨간색은 세로줄, 파란색은 가로줄, 검은색은 바둑판 무늬, 초록색은 왼쪽 위에서 오른쪽 아래로 향하는 사선, 보라색은 오른쪽 위에서 왼쪽 아래로 향하는 사선, 황갈색은 가로줄과 오른쪽 위에서 왼쪽 아래로 향하는 사선 그물 무늬로 표현된다.

이러한 색채 표현법은 인쇄물에서 이용되는 데 그치지 않았다. 통화, 특히 잉크에 의한 색채 표현이 어려운 주화에도 사용되었다. 지금도 **리히텐슈타인 공국**이 발행한 기념주화(이 나라의 통상 주화는 스위스 프랑을 사용하고 있다) 등에서 그 용례를 볼 수 있다.

문장색의 단색 표현

실제 문장은 다채롭다.

그것을 문장감에 재현하려면 손이 너무 많이 간다.

색을 입히지 않고 문장의 다채로움을 표현할 수 없을까?

단색 인쇄에서의 문장 표현 방식
페툴라 산크타 방식

이탈리아의 예수회 신부이자 문장학자인 실베스터 페툴라 산크타가 1638년에 고안

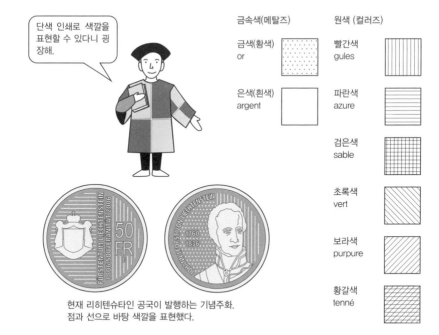

단색 인쇄로 색깔을 표현할 수 있다니 굉장해.

금속색(메탈즈)

금색(황색)
or

은색(흰색)
argent

원색 (컬러즈)

빨간색
gules

파란색
azure

검은색
sable

초록색
vert

보라색
purpure

황갈색
tenné

현재 리히텐슈타인 공국이 발행하는 기념주화. 점과 선으로 바탕 색깔을 표현했다.

시대에 따른 색채의 변천사

Glory of Azure

문장의 색채는 시대에 따라 사용되는 색의 경향이 있다. 특히 파란색은 시대가 경과하면서 점점 그 세력을 확대해 갔다.

● 유행하는 문장 색깔

문장에서 이용 가능한 색깔에는 제한이 있는데, 그렇기 때문에 지방이나 시대에 따라 사용되는 색에 어느 정도의 경향이 있었다.

문장이 등장하기 전 표장에서는 흰색, 검은색, 붉은색 세 가지 색깔이 이용된 경우가 많았다. 이것은 염료, 안료의 질이나 염색 기술에 의한 제약도 있었을 테지만, 대비가 뚜렷한 색깔 조합에 의한 명시성 향상이 큰 이유였다고 생각된다.

9세기를 지날 무렵, 유럽 세계에서는 염색 기술의 발달과 함께 파란색과 황색, 초록색 등의 색채가 사회생활 속에 빈번하게 등장하게 된다. 그리고 12세기에 등장한 문장에도 그 색깔들이 도입되었다.

중세 시대, 즉 12세기부터 15세기경까지는 붉은색이 월등하게 많이 사용되었고, 이어서 은색, 금색, 검은색 순으로 사용되었다.

현재에 이르기까지 전시대에 걸쳐 별로 사용되지 않았던 초록색은 차치하고, 중세 시대에서 파란색의 인기는 좋은 편이 아니었다. 이것은 고대 로마 제국 시대부터 파란색을 야만스러운 색이라고 여기는 문화가 유럽에 있었기 때문이라 추정된다. 8세기경 카를 대제의 시대에서는 왕과 백작들 중 파란색 제복을 입은 사람은 물론 장식으로 그 색을 사용하는 사람조차 없었을 정도다.

그러던 것이 17세기가 되자, 귀족의 문장에서는 빨간색 이용이 줄고, 금색과 파란색이 약진하기 시작했다. 그리고 평민의 문장에서는 파란색이 제일 흔한 색이 되었다.

예전에는 야만스러운 색이라고 여겨졌던 파란색은 근대에 들어서자 유럽에서도 특히 인기가 높은 색이 되었다. 특히 프랑스에서는 「국가의 색」으로도 불리게 되며 군대나 위병대의 제복 색깔로 사용되었을 정도다.

이렇듯 근대에 들어서고 나서 만들어진 문장에서는 파란색이 예전 빨간색의 뒤를 이으며 빈번하게 사용되었다.

이용한 문장 색깔의 변천

문장 등장 이전의 표장

흰색, 검은색, 빨간색 세 가지 색이 많이 쓰였다.

염료, 안료의 질이나 염색 기술로 인해 색의 가짓수가 제약되었다.
이 세 가지 색이라면 명시성도 좋다.

9세기를 지날 무렵

파란색이나 황색, 초록색 등의 색채가 사회생활 속에 빈번하게 등장하게 된다.

염색 기술이 발달.

중세 시대 (12~15세기경)

빨간색이 월등하게 많다

파란색은 인기가 없다

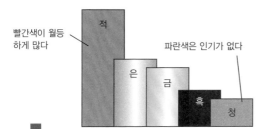

적

은

금

흑

청

왜냐하면 고대 로마 제국 시대부터 파란색은 야만스러운 색으로 여겼기 때문이지.

17세기

귀족의 문장

금색과 파란색이 약진

적

은

금

흑

청

프랑스에서는 파란색이 「국가의 색」으로 대접받으며, 국기나 군복에도 사용되었어.

평민의 문장

파란색이 가장 많다

적

은

금

흑

청

가문 내에서의 문장 변화

Differencing

유일무이한 것인 문장은 개인의 것임과 동시에 가계의 것이기도 했다. 그것을 여실히 보여주는 것이 차이화라는 현상이었다.

● 가문 내의 변형

똑같은 문장을 동시에 여러 사람이 사용할 수는 없다.

이것은 문장에서 가장 중요한 규칙이다.

하지만 그렇다고 해서 완전히 독자적인 문장을 만드는 경우는 그다지 많지 않았다. 문장은 소유자의 가계를 보여주는 것이기 때문이었으며, 특히 귀족계층에서는 그런 목적이 더욱 현저했다. 그래서 쓰인 것이 「차이화」라는 방법이다. 문장의 일부분을 바꿔서 「그 문장을 가진 당주와 같은 가문에 속한 사람」임을 보여주는 문장을 사용했다.

차이화에는 몇 가지 수법이 있다. 「문장의 도안은 그대로 두고 바탕색을 바꾼다」「도안의 색만 바꾼다」「방패를 분할하는 선을 추가한다」「방패의 테두리 선을 추가하거나 색을 바꾼다」「직선이나 십자형의 기하학 무늬로 변형을 가한다」「특수한 기호나 도안을 추가한다」라는 방법이 있었다.

마지막의 「특수한 기호나 도안을 추가한다」라는 방법에서는 분가 기호라고 불리는 기호가 사용된다. 이것은 당주와 문장 소유자의 관계를 나타내는 아홉 종류의 기호이다. 장남은 레이블, 차남은 초승달, 3남은 별, 4남은 다리가 없는 새, 5남은 고리, 6남은 백합, 7남은 장미, 8남은 끝이 갈라진 십자, 9남은 여덟 잎인데, 각각 해당되는 기호를 문장에 삽입한다.

이 수법은 언뜻 보면 이해하기 쉽고 합리적인 방식으로 생각할 수 있지만, 별로 정착하지는 못했다. 왜냐하면 이 기호는 2대, 3대에도 계승되어 가기 때문에(차남의 3남은 초승달과 별을 조합한 기호를, 거기에 또 차남이라면 앞서 말한 두 가지에 초승달을 더한 것이 된다), 대를 거듭할수록 판별이 어려워진다는 결함을 안고 있었던 것이다.

그러나 한편으로 이것과 비슷한 수법 로얄 케이던시(Royal cadency)는 잉글랜드 왕실에서 채용되었으니, 아주 계승되지 않았던 것은 아니다.

차이화

●문장 규칙

똑같은 문장을 동시에 여러 사람이 사용할 수는 없다.
하지만 문장은 소유자의 가계를 보여준다.

그래서

차이화 (디퍼런싱)
differencing

문장의 일부분을 바꿔서 그 문장을 가진 당주와 같은 가문에 속한
사람임을 보여준다.

〈차이화 방법〉

1. 문장의 도안은 그대로 두고 바탕색을 바꾼다.
2. 도안의 색만 바꾼다.
3. 방패를 분할하는 선을 추가한다.
4. 방패의 테두리 선를 추가하거나 색을 바꾼다.
5. 직선이나 십자형의 기하학 무늬로 변형을 가한다.
6. 특수한 기호나 도안을 추가한다.

예를 들면

마크 오브 케이던시

하지만

2대 3대 4대

대를 거듭하면 복잡하고 판별이 어려워진다.

로얄 케이던시

잉글랜드 왕실에서
채용된 차이화

분가 기호
마크 오브 케이던시
mark of cadenc

당주의 문장에 관계를 나타내는
기호를 덧붙인다.

장남	
레이블 (label)	
차남 초승달 (crescent)	
3남 별 (mullet)	
4남 다리가 없는 새 (martlet)	
5남 고리 (annulet)	
6남 백합 (fleur de Lys)	
7남 장미 (rose)	
8남 끝이 갈라진 십자 (cross moline)	
9남 여덟 잎 (octofoli)	

주군에게 하사받은 문장

Augmentation

일본에서는 주군이 가신에게 자신의 이름 한 글자를 하사한 경우가 있었다. 그것과 같은 일이 중세 유럽에서는 문장을 통해 이루어졌다.

● 포상 문장

봉건사회에서는 무훈을 세운 신하에게 포상를 주는 것이 통례였다. 그것은 영지를 확장시켜 주거나 신하들 중에서 서열을 격상시켜 주거나 혹은 금품을 하사하는 등 여러 가지 형태로 행해진다. 그렇게 해서 주군은 신하의 충성을 유지하고 있던 것이다.

이 포상 중 한 가지로「문장의 가증(加增)」이라는 것이 있었다.

이것은 주군이 신하에게 자신의 문장이나 자신의 문장에 사용되고 있는 도안 중 일부, 혹은 지정된 도안을 하사하여 신하의 문장에 넣는 것을 허락하는 일이다. 하지만 특별히 정해진 규칙은 없어서 어떤 형태로 가증문이 하사되었는지는 주군에 따라 달랐다.

가증문은 훈공의 포상 외에 친밀함을 나타낼 때에도 하사되었다.

형식상으론 두 경우 사이에 차이는 없지만, 훈공의 포상은 메리트(merit:공로), 친밀한 정을 표현한 것은 미어 그레이스(mere grace:단순한 호의)로 구별된다.

뒤에 말한 가증문 미어 그레이스를 남발이라고 할 수 있을 정도로 빈번하게 하사한 인물로 잘 알려진 것이 14세기 잉글랜드의 왕 리처드 2세다. 그는 자신이 존경하던 11세기의 잉글랜드 왕 **에드워드 참회왕**의 표장을 자신의 문장에 넣은 뒤, 같은 표장에 테두리를 추가한 것을 혈육이나 여러 총신에게 하사했다.

흔치 않는 사례지만, 문장이 없는 사람이 가증문을 받았을 경우 가증문 그 자체가 그 사람의 문장이 된다. 16세기 영국의 해적으로 알려진 **캡틴 드레이크**는 스페인의 무적함대를 격파한 공적으로 여왕 **엘리자베스 1세**에게 가증문을 하사받았지만, 문장을 소유하고 있지 않았기 때문에 그것이 그대로 그의 문장이 되었다.

가증문

● 신하에게 포상하는 방법으로는

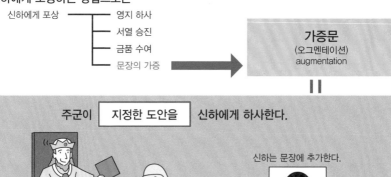

신하에게 포상 ┬── 영지 하사
├── 서열 승진
├── 금품 수여
└── 문장의 가증 ➡ 가증문
(오그멘테이션)
augmentation

‖

주군이 [지정한 도안을] 신하에게 하사한다.

신하는 문장에 추가한다.

● 가증문을 하사받는 이유

메리트
(merit : 공로)
훈공의 포상

캡틴 드레이크
(16세기 해적)

스페인의 무적함대를 격파한 공적으로 엘리자
베스 1세에게서 가증문을 하사받는다. 문장을
소유하고 있지 않았기에 그것이 그대로 문장이
되었다.

캡틴 드레이크

미어 그레이스
(mere grace:단순한 호의)
친밀의 정 표명

리처드 2세
(14세기 잉글랜드 왕)

미어 그레이스를 남발한 인물로서 알려졌다.

리처드 2세의 문장
존경하던 잉글랜드 왕 에드워드 참회왕(11세
기)의 표장을 자신의 문장에 넣었다.

● **에드워드 참회왕**→11세기 잉글랜드 왕. 경건한 기독교 신도로, 시성(諡聖)되었다.
● **캡틴 드레이크**→16세기 잉글랜드의 항해가 · 해적 · 해군 제독, 세계 일주 항해를 달성했다.
● **엘리자베스 1세**→16세기 잉글랜드 여왕. 튜더 왕가 최후의 왕으로 별명은 처녀왕.

암시 문장

Allusive Arms

문장 도안을 고르기 위해서는 약간의 콘셉트가 필요하다. 자기 자신에게 익숙한 개념을 담는 것은 이해하기 쉬운 일례라고 할 수 있다.

● 재치를 담아 만든 문장

문장, 특히 귀족의 문장은 조상 대대로 이어진 것이다.

문장에 사용되는 중심 도안이 선택된 이유는 선조의 공적에 의한 것이거나 출신지를 상징하는 물품이나 동식물 혹은 문장을 정한 사람의 취향 등 여러 가지이다.

무한하다고도 할 수 있는 그런 변화를 가진 문장 중에서도 적지 않은 비율을 차지하는 것이 「암시 문장」이라고 불리는 문장이다. 이것은 「재치 문장」이나 「이야기하는 문장」 등의 별명으로도 불리며, 문장에 사용되고 있는 도안이 문장 소유자의 이름이나 성질을 직접적으로 보여주는 문장이다.

문장의 어느 부분이 어떤 식으로 소유자의 이름이나 성질을 암시하고 있는지는 그야말로 천차만별이다.

피렌체 로시 가문의 문장처럼 바탕색이 온통 빨간색인 것에서 암시하는(이탈리아어로 로시[rossi]는 「붉은색」을 뜻한다) 것이 있는가 하면, 스위스 헨네베르크 가문처럼 산(독일어로 베르크) 위에 암탉(마찬가지로 독일어로 헨네)이 올라가 있는 것도 있다.

극작가로 알려진 윌리엄 셰익스피어의 문장에는 창이 그려졌다. 이것은 성 안에 「스피어」(spear : 창)가 있었던 것에서 선택됐으리라 여겨진다.

암시 문장은 이런 식으로 소유자의 성질을 나타내는 것뿐만이 아니었다. 상공 조합의 문장 대부분은 취급하는 분야와 밀접하게 관련된 도안을 채용했다. 런던 무기 제조 조합에서는 교차시킨 검을 문장으로 택했고, 주조 조합과 소금 상단 조합에서는 상품 용기를 사용했다. 프랑스에서 이와 같은 문장은 대부분 루이 14세의 명령으로 문장 총람이 작성될 때에 관리들에게 의해 임의로 만들어졌다고 한다.

도안을 선택한 이유

●문장 도안을 선택한 이유는 각양각색

- 선조의 공적에서 유래
- 출신지를 상징하는 물품이나 동식물
- 단순한 취향

「암시 문장」
(Allusive Arms)

또는

「재치 문장」(canting arms)
「이야기하는 문장」(armes parlantes)

> 도안이 문장 소유자의 이름이나 성질을
> 직접적으로 나타내는 것

암시 문장의 예

피렌체 로시가
가문 이름인 로시(rossi)는 이탈리어
어로 「붉은색」이라는 뜻

방패 문장의 바탕
색이 온통 빨간색

상공 조합의 문장
산업 분야와 관련된 도안을 채용

교차시킨 검

런던 무기 제조 조합

스위스 헨네베르크가
암탉은 독일어로 헨네. 산은 독일어
로 베르크

도안이 산 위에
암탉

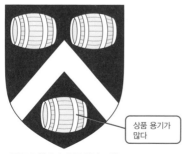

상품 용기가
많다

주조 조합이나 소금 상단 조합

극작가 윌리엄 셰익스피어
이름에 창을 뜻하는 스피어(spear)가
들어 있기 때문이라고 한다

창이 그려져
있다

문장을 조합하는 법

Basic Method Marshalling

문장은 개인이나 집안의 내력을 나타낸다. 즉, 문장에서는 사람이나 가문이 그때까지 걸어온 역사를 읽는 것이 가능하다.

●분할된 문장

유럽 역사에 있어서 문장은 개인을 나타냄과 동시에 집안의 내력을 보여주는 것이기도 했다.

결혼을 하면 양 가의 문장이 합쳐져 새로운 문장이 생긴다. 또 주군의 은총으로 문장을 하사받고, 그것을 자신의 문장에 넣어서 새로운 문장으로 삼는 경우도 있었다.

그럴 때 문장의 가공은 소유자의 자유로운 발상대로 할 수 있는 것이 아니고, 일정한 규정이 존재했다.

일반적으로 문장을 가공할 때에는 방패 모양의 테두리를 분할해서 각각의 영역에 문장을 삽입하게 된다. 이것을 「마셜링」(marshalling)이라고 한다.

대표적인 마셜링법은 방패를 좌우로 이분해서 각각 문장을 배치하는 방법이다. 하지만 사실, 이것에도 두 종류의 방법이 존재한다.

한 가지는 「디미디에이션」(dimidiation)이라고 불리는 방법으로, 합친 각각의 문장을 세로로 잘라 그 오른쪽 절반과 왼쪽 절반을 합치는 방법이다. 다른 한 가지는 「임페일먼트」(impalement)라고 하며, 합친 두 문장 그 자체를 변형시켜서 방패 안에 배치한다. 디미디에이션으로는 원래 문장의 디자인을 알 수 없게 되는 경우가 많아서 오늘날에는 임페일먼트가 널리 이용되고 있다.

임페일먼트와 함께 많이 쓰이는 마셜링으로 「쿼터링」(quartering)이라는 것도 있다. 이것은 방패를 4분할해서 문장을 합치는 방법이지만, 실제로는 6분할이든 20분할이든 쿼터링이라 부른다. 예를 들어 16분할된 것은 「쿼터리 식스틴」(quarterly sixteen)이라고 한다. 300개 이상의 문장을 합친 문장도 존재하지만, 그것도 역시 쿼터링된 문장으로 취급한다.

마셜링

문장은 다른 문장과 합쳐지는 경우가 있다
· 결혼할 때
· 가증문을 하사받았을 때

하지만 마음대로 짜 맞출 수 없다

➡ 합치는 방법에는 규칙이 있다

마셜링   marshalling

문장의 방패 모양을 분할해서 문장을 넣는다.

대표적인 마셜링은 방패를 좌우로 이분해서 각각 배치한다.

방법은 아래 두 종류

오히려 규칙이 있는 편이 번거롭지 않아서 좋군.

디미디에이션   dimidiation

문장을 세로로 잘라 오른쪽 절반과 왼쪽 절반을 합친다.

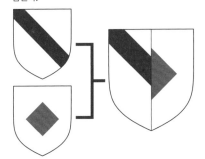

디미디에이션에서는 원래 문장의 디자인을 알지 못하게 되는 경우가 많으므로,

오늘날에는 임페일먼트가 널리 이용되고 있다.

임페일먼트   impalement

합친 두 문장 그 자체를 변형시켜서 방패 안에 배치한다.

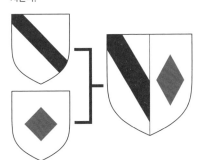

쿼터링   quartering

방패를 4분할해서 문장을 합친다.

몇 분할이든 가능
예를 들어 16분할된 것은 「쿼터리 식스틴」이라고 한다.
문장을 300개 이상 합친 문장도 존재한다.

차지

Charges

문장에 쓰이는 도안에는 다양한 것이 존재한다. 그것들을 총칭하여 차지라고 한다.

● 문장의 도안

문장은 여러 가지 도안을 부품으로 삼아 이루어졌다.

그런 도안에는 사자와 말, 별, 성과 같은 구체적인 「구상 도형」과 기하학적인 도안인 「추상 도형」이 있다.

이러한 도형과 도안을 모두 「차지」(charges)라고 부른다. 하지만 좁은 의미로는 앞서 말한 구상 도형만을 가리킨다. 구상 도형은 「커먼 차지」(common charges)로, 추상 도형인 「오디너리즈」(ordinaries)와 구분된다.

문장의 등장부터 현대에 이르기까지 역사 속에 등장한 차지에는 인간이 눈으로 볼 수 있는 것, 인간의 두뇌가 상상할 수 있는 것이 전부 존재하고 있다. 동물과 식물, 건축물과 도구, 천체, 문자, 환수에 요괴 변화, 더 나아가 천사와 같은 것 외에 원자물리학의 과학 기호까지도 문장 도안으로 사용되었다.

이러한 차지에 금기와 같은 것은 전혀 존재하지 않았다. 심지어 해골이나 무덤, 검을 찔러넣은 머리, 일곱 개의 눈을 가진 여자와 같이 괴이한 것도 많았고, 팬티나 벌거벗은 여인과 같은 도안도 드물지 않았다. 그중에는 「모유를 흘리는 유방」 같은 것까지 있었을 정도다.

또 차지——특히 구상 도안은 그 세부 묘사에 관해 엄밀한 규정이 없었던 듯하다. 예를 들어 잉글랜드 왕의 문장인 「세 마리의 사자」 문장에 사용된 사자 도안에서는, 「보행 자세에서 고개를 정면으로 돌린 사자」라는 조건 이외에는 그리는 사람의 재량에 맡겼다. 시대나 유행 양식에 따라 갖가지 사자가 사용되었다.

일본의 문장, 즉 가문(家紋)에서는 디자인에 엄밀한 규정이 존재하며, 선의 개수가 다르면 다른 무늬로 간주되었던 유럽의 문장과는 대조적이다.

문장 도안의 종류

문장에 이용된 도안은 각양각색

도안을 **차지**(charges)라고 부른다.
(좁은 의미로는 구상 도형만)

「커먼 차지」 common charges
(구상 도형)

구체적인 것

동물
식물
건축물
도구
천체
문자
환수
천사
과학 기호
등 여러 가지

동물

식물

건축물

도구 천체

과학 기호

독특한 도안 예

해골
무덤
검을 찔러 넣은 머리
일곱 개의 눈을 가진 여자
팬티
모유를 흘리는 유방

해골

묘지

모유를 흘리는
유방

일곱 개의 눈을
가진 여자

> **구상 도형의 세부 묘사에 엄밀한 규정은 없었다**
>
> 잉글랜드 왕의 사자 도안은 「고개를 정면으로 돌리고 보행 자세인 사자가 세 마리」라는 것 이외에는 그리는 사람의 재량
>
>

「오디너리즈」 ordinaries
(추상 도형)

기하학적인 도안의 예

왕가의 문장 1 **사자 문장**

Arms of Royals Ⅰ : Lions

문장 도안으로 사용되는 동물 중에서도 특히 인기가 많은 것이 사자다. 왕권을 상징하는 동물이기에 더욱 사랑받았다.

● 사자 문장

사자 도안은 옛 시대부터 유럽에서는 권력, 특히 왕권을 가진 자가 즐겨 사용했다.

사자가 문장이나 그 유사물의 도안으로서 사용하게 된 역사는 아마 기록조차 남아 있지 않을 정도로 아주 오래전부터이지만, 문장에서 그 모습을 드러낸 최초의 기록은 12세기 잉글랜드의 왕 **리처드 1세**의 인장이었다.

리처드 1세는 두 가지 인장을 사용하고 있었는데, 그 두 인장 모두 사자 도안이 사용되었다. 1194년경부터 사용하기 시작한 인장은 머지않아, 현재 영국 국왕의 문장에서 볼 수 있는 「세 마리의 사자」 도안으로 디자인이 계승되었다.

사자 문장은 스페인의 옛 왕국 레온이나 네덜란드, 스코틀랜드, 보헤미아, 덴마크 등의 왕가가 채용했을 정도로 왕가에서 선호했는데, 왕가 이외의 귀족도 사자 도안을 문장으로 삼았다. 12~14세기 잉글랜드의 문장 중 첫 글자가 A인 가문만으로도 백 가구가 넘는 집이 사자를 도안으로 채용했다. 그 정도로 인기가 많은 동물인 것이다.

또 13세기경 유럽에서는 **신성 로마 제국**의 황제를 지지하지 않겠다는 의사를 표명하는 사람들이 사자를 문장에 삽입했다고도 한다. 이것은 왕권의 또 다른 상징이자, 신성 로마 제국의 문장 도안인 독수리 문장과의 대립을 나타내고 있었던 것이라고 한다.

이것은 프랑스의 역사학자 미셸 파스투르가 주장한 설이다. 그의 주장 중 사자와 독수리 문장의 대립은 중세 초창기 시대에 켈트와 게르만이 각각 멧돼지와 곰 도안을 심벌로 사용하며 대립하고 있었던 관계를 문장대계 속에서 연장하여 계속 사용한 것으로 보고 있다.

사자 문장

사자 예부터 사용된 도안

잉글랜드 왕이라고 한다면 사자 도안. 정착시킨 사람은 에드워드 1세(12세기)

12세기 잉글랜드의 왕 리처드 1세의 문장

최초 문장에는 두 가지 주장이 있다

서 있는 사자　　　　마주 보고 서 있는 사자

두 번째 문장

1194년경. 세 마리의 사자 등장

문장에 사자를 사용한 왕가

스코틀랜드 왕

왼쪽 뒷다리로 서 있는 자세(램펀트)의 붉은 사자

바탕은 금색(황색)

백합 장식이 있는 이중 테두리

잉글랜드 왕

보행 자세(패선트)로 고개는 정면을 향하고 있다(가던트)

바탕은 붉은색

레온 왕국 국장

네덜란드 왕국 국왕 빌렘 1세의 문장

보헤미아 왕 블라디슬라프 야겔론스키의 문장

사자의 라이벌은 독수리?

13세기경에 독수리 문장을 사용하는 신성 로마 제국의 황제에게 반항하는 세력이 사자를 문장에 넣었다고도 한다.

사자 문장은 왕가 이외의 귀족 사이에서도 인기가 많은 도안이었다.

용어해설
● 리처드 1세→12세기 잉글랜드 왕. 전장에서 보인 용맹함으로 사자심왕이라는 별명을 가지고 있다.
● 신성 로마 제국→10세기 독일의 왕 오토 1세의 황제 대관 때부터 시작된 신성 로마 제국의 황제.

59

왕가의 문장 2 독수리 문장

Arms of Royals Ⅱ : Eagles

사자와 함께 권력자가 즐겨 문장에 채용한 도안으로 독수리가 있다. 강대한 힘과 존엄을 연상시키는 이 동물은 역대 패권자에게 사랑을 받았다.

●독수리 문장

독수리 도안은 사자와 함께 문장이 등장한 시기보다 훨씬 더 이전 시대부터 권력의 상징으로 사용된 도안이다.

독수리는 예전 고대 로마 제국, 그리고 그 뒤를 잇는 비잔틴 제국에서는 황제의 상징으로, 또 황제의 첨병인 제국군의 군기로도 사용되었다. 그리고 폴란드와 오스트리아, 러시아, 아메리카와 같은 쟁쟁한 대국, 특히 군사 대국이나 귀족이 문장이나 국장 (國章), 인장으로서 이 도안을 채용했다. 개인이 사용한 예로는 프랑스의 영웅 나폴레옹 보나파르트의 문장이 대표적인 것으로 알려져 있다.

그러한 흐름 속에서 독수리 도안은 보는 이에게 힘, 특히 「강대한 권력의 상징」이라는 이미지를 심어주게 되었다.

다른 여러 문장 도안과 마찬가지로 독수리 도안을 문장으로 사용한 최초의 인물이 정확히 누구인지는 불분명하다.

기록상으로는 카를 대제로 잘 알려진 인물, 9세기 서로마 황제 **샤를마뉴**가 대관식을 치를 때 성에 독수리 표지를 내건 것이 문장이나 그와 관련된 상징물로서 독수리가 등장한 최초 시기이다.

그 후로 12세기 신성 로마 제국의 황제 **프리드리히 1세**가 군기로 채용했다. 그리고 고문서나 돌에 새겨진 릴리프, 혹은 동전 같은 형태로 존재하는 가장 오래된 독수리 도안으로는 13세기 신성 로마 황제 **프리드리히 2세** 시대의 것이 있다.

문장에 사용된 독수리 도안은 크게 두 종류로 나눠진다. 한 가지는 머리가 한 개인 단두 독수리, 다른 하나는 머리가 두 개인 쌍두 독수리다. 이것은 도안이 탄생한 배경에 따른 것으로, 전자는 서고트족에서 유래되었고, 후자는 비잔틴의 양식에서 유래되었다. 쌍두 독수리 도안은 항상 정면을 향하고 있다는 특징이 있다.

독수리 문장

독수리=예부터 권력의 상징으로 여겨진 도안

예전 고대 로마 제국, 비잔틴 제국에서는 황제의 상징이었다.

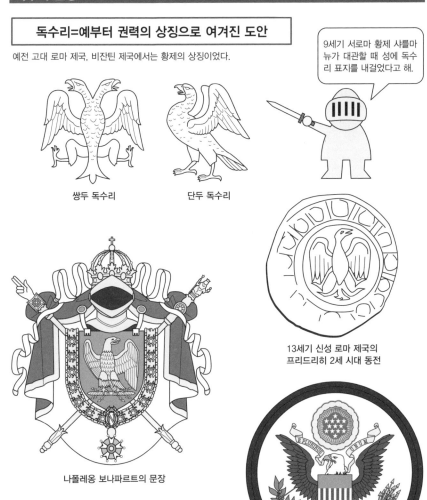

9세기 서로마 황제 샤를마뉴가 대관할 때 성에 독수리 표지를 내걸었다고 해.

쌍두 독수리

단두 독수리

13세기 신성 로마 제국의 프리드리히 2세 시대 동전

나폴레옹 보나파르트의 문장

날개를 펼치고 장식된 흰머리 독수리

아메리카 합중국의 상징

용어해설
- **샤를마뉴**→서로마 황제이자 프랑크 왕국의 왕. 그와 그의 기사들은 기사도 이야기의 소재로 유명하다.
- **프리드리히 1세**→붉은 수염왕(바르바로사). 총사령관으로서 제3차 십자군 원정을 지휘하며 아이유브 왕조를 무너뜨린다.
- **프리드리히 2세**→제6차 십자군을 지휘. 거의 무혈로 예루살렘을 탈환한 신성 로마 황제.

왕가의 문장 3 백합 문장

Arms of Royals Ⅲ : Fleur-de-lis

「푸른 바탕에 금색 백합」은 프랑스 왕의 문장으로 잘 알려져 있다. 하지만 이 도안은 많은 수수께끼를 품고 있다.

●백합 문장

사자, 독수리와 함께 권력의 상징으로 이용된 문장 도안으로 백합을 들 수 있다.

이 도안은 줄곧 유럽 역사학자, 문장학자들의 논란거리였다. 왜냐하면 유래가 분명하지 않기 때문이다. 그뿐만이 아니라 이번 항목의 제목을 「백합 문장」이라고는 했지만, 실제로 이 문장이 무엇을 도안화한 것인지조차 불분명하다.

백합 혹은 「붓꽃」(백합목 붓꽃과의 여러해살이풀)이라는 것이 정설이지만, 개구리라는 설과 꿀벌이 도안화됐다는 설도 존재한다. 또 도안의 변화 중에는 마치 창끝이나 검끝, 혹은 석장의 끝부분처럼 보이는 것도 더러 있어서, 이러한 사실이 이 도안의 정체를 더욱 불명확하게 만드는 원인이 되었다.

일단은 꽃이라는 가정 하에, 이 문장은 오래전부터 프랑스 왕의 문장 도안으로 사용되었다.

최초로 사용한 사람은 **메로빙거 왕조**의 **클로비스 1세**이다. 493년에 그리스도교로 개종할 때, 이것을 자신의 표장으로 삼았다.

그리고 12세기에 들어서고 **루이 6세**가 지팡이 등에 이 디자인을 사용하게 되면서 프랑스 왕권과 밀접한 관계를 보이게 된다. 이 무렵부터 백합 문장 도안(fleur-de-lis)은 점점 「루이 왕의 꽃」(fleur-de-Louis)으로도 인식되기 시작한다.

왕권, 특히 프랑스 왕권과 관련이 깊은 백합 문장이기는 하지만, 사실 프랑스 왕가와 관리들만의 것은 아니었다. 네덜란드와 브르타뉴 지방, 바이에른 지방, 토스카나 지방과 같이 프랑스 주변 지역에서는 농민이 소유한 문장에서 가장 흔히 사용된 도안이었다.

백합 문장

백합 문장 도안(플뢰르 드 리스)=백합을 표현한 도안

진짜인지 아닌지는 사실 불분명하다

정설 ▶ 백합 혹은 붓꽃(백합목 붓꽃과의 여러해살이풀)

그 외의 설 ▶ 개구리?
꿀벌?
변화에는 창끝이나 검끝, 석장의 끝부분 모양인 것도 존재

프랑스 왕의 문장 도안

가장 먼저 사용한 사람은 5세기 메로빙거 왕조의 클로비스 1세

12세기 루이 6세 시대에 프랑스 왕권과 밀접하게 연관된다

「루이 왕의 꽃」(플뢰르 드 루이)으로도 인식되기 시작한다

각종 백합 무늬

프랑스 왕가의 문장
(12세기경)

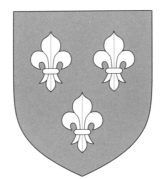

프랑스 왕가의 문장
(14세기 후반)

백합 문장이야말로 왕의 문장

이라고 생각하지만,

네덜란드와 브르타뉴 지방, 바이에른 지방, 토스카나 지방 같이 프랑스 주변 지역에서는 농민의 문장으로도 많이 쓰인 도안

문장을 두고 다투다

Challenge for the Herald

서로 이해가 충돌할 때에는 공적 권위에 의한 중재를 요청할 수 있다. 문장 소유권이 충돌할 때에도 이 중재는 이루어졌다.

●문장 재판

문장은 같은 것이 존재하면 안 된다. 그것이 원칙이다.

하지만 전혀 다른 길을 걸었음에도 매우 비슷한 문장, 혹은 완전히 동일한 문장이 등장하는 우연도 있었다.

문장이 등장한 지 얼마 안 된 12~13세기에는 그다지 드문 우연이 아니었기에 허용되었지만, 현재에도 통용되는 규정이 출현, 정착한 14세기 이후에는 중복을 용인하지 않았다. 만약 그러한 문장 소유권의 충돌이 발생한 경우, 왕이나 영주에게 중재를 요청할 수 있었다.

14세기에 그 대표적인 기록이 있다. 1385년, 리처드 2세의 스코틀랜드 원정 때 두 명의 기사, 리처드 스크로프 오브 볼턴 경과 로버트 그로브너 경 사이에서 일어난 이 분쟁은 스크로프가 자신과 같은 「파란색 바탕에 금색 대각선 띠」 문장을 그로브너가 가지고 있다는 사실에 불평을 터뜨리면서 시작되었다.

시인 **제프리 초서**를 비롯한 수 백 명의 증인이 모인 군사 법정에서 그로브너는 자신의 문장에 대해, 선조가 **윌리엄 정복왕**과 함께 잉글랜드에 상륙했을 때부터 사용해 온 정통성이 있는 것이라고 주장했다. 하지만 1389년에 내려진 판결은 해당 문장의 소유권이 스크로프에게 있다고 인정했고, 그로브너에게는 「해당 문장의 가장자리에 은색 테두리를 두른」 도안으로 소유를 인정했다. 두 사람 다 이 판결에 불복하며 그로브너가 국왕에게 항소. 리처드 2세는 다음 해에 스크로프가 얻은 권리를 재확인하면서, 그로브너에게 「연고가 없는 자가 소유하기에 적합하지 않다」라고 하며 「문장을 수정하여 보유할 권리」조차 박탈했다.

이 중재로 새로운 문장을 작성하도록 강요당한 그로브너가는 「파란색 바탕에 금색 벼 다발(또는 보리 다발)」 문장을 보유하게 되었다.

문장 재판

문장의 원칙 = 같은 것은 존재하지 않는다

하지만

매우 비슷한 문장, 동일한 문장이 우연히 나오는 경우가 있었다

12~13세기에는 그다지 드문 사태도 아니었기에 허용

14세기 이후에는 용인하지 않았다

경우에 따라서 소송을 하거나 왕이나 영주에 의한 중재가 내려졌다

1385년 문장 사용권 판결 (잉글랜드)

원고 리처드 스크로프 오브 볼턴 경
피고 로버트 그로브너 경

스크로프 경　　　군사 원정 중의 일　　　그로브너 경

「파란색 바탕에 금색 대각선 띠」 문장은 내 거야.

우리 가문의 문장은 선조가 윌리엄 정복왕과 함께 잉글랜드에 상륙했을 때부터 사용했던 정통성이 있는 문장이야.

1389년 판결

문장은 스크로프 경의 것.

그로브너 경은 대각선 띠에 「은색 테두리」를 둘러서 사용한다면 용인.

국왕 폐하에게 항소하겠어.

인정 못해!

1390년 리처드 2세가 중재

Yes !

문장의 사용권은 스크로프 경에게 있다.

그로브너 경은 「문장을 수정하여 보유」하는 것도 안 된다.

하는 수 없지. 「파란색 바탕에 금색 벼 다발(보리 다발)」로 새로운 문장을 만들자.

● **제프리 초서**→『캔터베리 이야기』의 저자로 유명하다.
● **윌리엄 정복왕**→윌리엄 1세. 잉글랜드를 정복하며 노르만왕조를 열었다.

현대의 문장

Kins of Heralds at Modern Time

문장이 가진 디자인성은 문화로서 뿌리를 내리고, 현대에서는 그 형식을 계승한 「심벌」이 등장하여 활용되고 있다.

●현대의 문장——상표

문장은, 탄생한 시대부터 시간이 흐르면서 점점 문화·습관으로 뿌리를 내렸고, 그 영향이 현대에까지 이르렀다.

프랑스에서는 혁명의 영향으로 인해 문장의 문화적 융성에 그늘이 드리웠지만, 다른 여러 국가에서는 계속 문장이 이용되어 21세기인 지금도 문화로서 문장의 가치는 훼손되지 않았다.

그리고 현대에는 문장의 새로운 유형이라고 할 수 있는 것이 등장했다.

바로 「상표」다. 텔레비전이나 간판, 혹은 상품 포장 등에서 흔히 보는 기업의 마크를 뜻하는데, 일반적으로는 「로고 마크」라고도 불린다.

상표는 매우 다양해서, 특정 서체로 기업 이름을 쓰기만 한 것도 있는가 하면, 완전히 문장이라고밖에 할 수 없는 도형도 있다.

도형으로 된 상표 대부분은 모노그램, 즉 문자를 도안 기호화한 것이지만, 유럽계 기업에서는 그 역사적 경위 때문인지 문장의 차지를 이용한 것이나 문장의 법칙에 따라 만들어진 것도 적지 않다.

●군대의 부대장(部隊章)

전장에서 소속이나 개인의 식별을 위한 장식이 문장의 시초였다. 그리고 그것의 현대적인 모습이 군대의 「부대장」이다.

이 부대장은 문장의 규칙에는 일절 얽매이지 않고 디자인한 것이지만, 방패나 스크롤과 같은 문장 도안을 이용한 경우도 많아서, 언뜻 보면 비슷한 느낌이 든다.

부대장의 특징으로서는, 역시 군대란 환경에서 사용되는 만큼, 강인함과 민첩함 같은 병사들의 사기를 고무시키는 이미지를 이용하는 경우가 많다. 게다가 군내부에서의 확실한 구별을 위해, 각 부대의 모토도 어느 정도 부대장의 이미지에 담겨 있다.

로고 마크

자동차 메이커의 상표	군대의 부대장

자동차 메이커의 상표

상표는 기업의 마크

혼다
글자를 도안화한 것

푸조
문장에 쓰일 법한
도안에 글자

페라리
이것 역시 문장 느
낌이 드는 도안을
이용

알파 로메오
상당히 문장 같다

포르쉐
문장 그 자체라고
봐도 좋다

군대의 부대장

방패나 스크롤과 같은 문장 도안이 이용
된 경우도 많다

미국 육군 제75
레인저 연대의 부대장

미국 해군 제142
전투 비행대의 부대장

> 문장을 모티브로 한
> 로고 마크도 있어.

가문

Kamon: Traditional Japanese Achievement / Heralds

문장과 비슷한 존재로 알려진 가문(家紋). 「일족에서 일족으로 계승되는 표지」가 보급된 것은 서양과 일본뿐이다.

● 가문의 시작

문장은 전쟁터의 식별 장식으로 시작해서 서양 장식 문화에 뿌리를 내린 존재이다. 이것과 유사한 것으로 알려진 것이 일본의 「가문」이다.

가문이 세상에 등장한 것은 헤이안 시대 후기 무렵이라고 추정된다.

문장과는 달리 가문은 신분이 높은 사람들의 세간이나 장식품에 사용된 무늬가 그 시작이었다. 그것이 가문 고유의 무늬 도형으로 취급받게 된 것은 **쿠게(公家)**가 자신의 우차에 가문을 새긴 뒤부터라고 추측된다.

무인이 가문을 사용하기 시작한 것은 **겐페이(源平)**의 대립이 격화된 헤이안 시대 말기다. 무사들이 가문을 사용했던 이유는 서양의 문장과 마찬가지로 전쟁터에서의 자신의 임무 수행을 증명하기 위해서였다. 이것은 자기 현시욕이라기보다 무훈이 포상으로 직결되었기에 명확한 구별이 필요했기 때문이다.

시대가 흐르자 무인들도 가문을 전장에서 일상적으로 이용하게 되었다. 의복, 특히 예복에 가문을 꿰매 붙이게 되었고, 이 방법은 널리 보급되어 모든 사회 계층에서 일반적으로 이용하게 되었으며, 오늘날에도 가문의 대표적인 이용법이 되었다.

● 가문의 시작

문장과 가문——서양과 일본에서 각각 독자적으로 발전한 이 두 종류의 무늬에는 물론 법칙적인 차이점이 존재한다. 가장 큰 차이점은 「가문은 집안에 속한다」라는 점이다. 당주 이외에는 변형된 것을 사용한 문장과 달리 가문은 일족 전체가 완전히 같은 것을 이용한다.

물론 가문을 바꾸는 경우도 있다. 본가에서 떨어져 나와 분가를 일으켜 세울 때가 그 대표적인 예이다. 가문(家門)의 변화는 모티브가 된 도안 그 자체에 손을 대는 것, 도안을 여러 개 그리는 것부터 단순히 좌우를 반전만 시키는 것 등 다양하다.

집안을 나타내는 가문

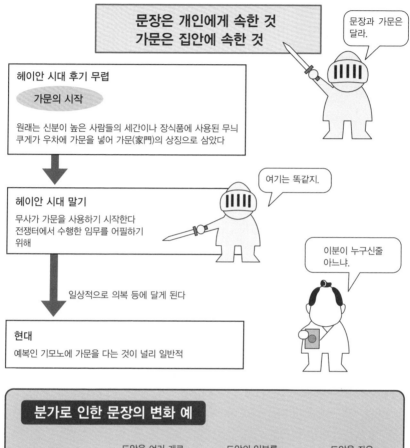

문장은 개인에게 속한 것
가문은 집안에 속한 것

문장과 가문은 달라.

헤이안 시대 후기 무렵

가문의 시작

원래는 신분이 높은 사람들의 세간이나 장식품에 사용된 무늬 쿠게가 우차에 가문을 넣어 가문(家門)의 상징으로 삼았다

여기는 똑같지.

헤이안 시대 말기
무사가 가문을 사용하기 시작한다
전쟁터에서 수행한 임무를 어필하기 위해

이분이 누구신줄 아느냐.

일상적으로 의복 등에 달게 된다

현대
예복인 기모노에 가문을 다는 것이 널리 일반적

분가로 인한 문장의 변화 예

| 원래 문장 | 도안을 여러 개로 만든다 | 도안의 일부를 변경한다 | 도안을 좌우 반전시킨다 |

 ▶ ▶  ▶

(여기서는 가운데 도안의 위치를 다른 것과 겹치지 않게 한다)

용어해설
- ●쿠게(公家)→일본 조정에 출사한 귀족.
- ●겐페이→미나모토(源) 가문과 타이라(平) 가문. 두 가문 다 일본 무가의 명문.

생략된 문장

문장은 그것을 사용하는 개인을 나타내는 존재이다.

기본적으로 문장에서 알 수 있는 정보는 그 가문의 당주와 문장 사용자의 관계이다. 당주라면 대대로 계승된 문장을 사용하고, 그 이외의 사람은 차이화를 가한 형태로 문장을 이용한다.

또 문장에는 문장 소유자의 혈통에 관한 정보도 들어 있다. 그 대표적인 것으로, 결혼한 후에 아내 가문의 문장과 합쳐서 만드는 문장이 있다. 이것은 기본적으로 한 세대에 한정된 문장으로, 배우자가 사망하면 문장에서 제외되고 본래의 형태, 다시 말해 원래 문장으로 복귀한다.

그러나 아내가 여자 상속인(출신 가문의 자산을 상속할 사람)일 경우에는 조금 이야기가 다르다. 여자 상속인과의 혼인은 그 가문과 가계가 통합되는 것을 의미한다. 즉 A가문과 B가문의 자산이 하나의 가계로 합쳐지는 것이다. 이것은 물질적·권리적인 재산뿐만이 아니라 문장에도 해당된다. 여자 상속인과 혼인 관계를 맺고 가계를 통합하면, 피상속인인 여성과 결혼한 경우와 마찬가지로 양가의 문장을 합쳐서 새로운 문장을 만들게 된다. 그러나 이 문장은 아내가 사망해도 원래의 형태로 복원되지 않고, 그 가문의 새 문장으로서 후세에 이어지게 된다.

여기까지는 본문 항목에서 설명했다.

만약 통합된 가계의 수가 적다면 합쳐지는 문장의 수도 적어서 혼란도 줄일 뿐더러, 그리는 수고도 적게 들고 끝난다. 그러나 통합된 양 가문이 각각 몇 번이나 가계 통합을 반복해 왔을 경우, 하나의 방패 안에 들어갈 문장의 수는 방대한 양이 되고 만다.

그 극단적인 사례가 이 책에서도 소개한 그렌빌 가문의 719개 문장으로 만들어진 문장이다. 그렌빌 가문정도는 아니어도, 귀족 중에서 가계를 여러 개 통합한 가문은 드물지 않았다.

하나의 방패 속에 넣을 문장의 수가 늘면 늘수록 각각의 문장 그림을 판별하기가 어려워지고, 정확한 정보를 알아내기 힘들어지게 된다. 또 문장을 문장 기술(記述)로써 문자 정보화할 때에도 장대하고 번잡해져서 해석 오류나 기술 그 자체에 실수가 생길 가능성이 더 커진다.

그래서 대부분의 문장 소유자는 삽입할 문장이 여섯 개를 넘게 되면 중요도가 낮은 문장부터 순서대로 생략했다. 대부분의 경우, 가장 먼저 삭제되는 문장은 작위나 영토 중요도가 낮고 지위가 낮은 가문에서 유래된 문장이다.

물론 문장의 생략이라는 행위는 문장 이용자에 의한 임의적 판단에 맡겨지며, 문장학상 규칙은 아니다. 이것은 앞서 말한 그렌빌가처럼 통합 가계의 문장을 일절 생략하지 않고 문장에 전부 넣는 판단이 용인된 사실에서도 분명하게 알 수 있다.

제2장
여러 가지 문장

개인의 문장

About Heralds for Persons

문장은 그저 개인을 상징하는 것으로 사용됐을 뿐만 아니라 행정 조직에 등록되면서 호적 제도에 가까운 역할을 하게 되었다.

● 귀족들의 문장

이제 와서 말할 것도 없지만, 주로 문장을 이용한 주체는 인간 개인이다.

제1장에서 설명했듯이 처음에는 전쟁터에서, 그리고 경기회장에서 개인의 존재를 주장하기 위해 사용된 문장은, 어느새 일상적인 표지로 이용되기에 이른다.

전장의 전사들이 차례로 사용하기 시작한 후로, 현재까지 통용되는 규칙 아래에서 문장을 이용한 계층은 기사계급과 귀족계급 사람들이다.

부동산을 대대로 계승하고 거기에서 발생하는 권익을 일족끼리 계승하는 그들에게 문장은 그러한 권익을 대변하는 상징물이며, 또 상속권이 있음을 나타내는 증표로서 취급되었다.

그 때문에 문장은 개인에게 귀속되는 소유물임과 동시에 점차 가문, 혈통에 속하는 것으로 변해 갔다.

● 평민도 소유하게 된 문장

문장의 이용에 관한 명확한 규칙이 만들어지고, 그것이 보급되면서 이용하는 사람의 종류도 귀족들뿐만 아니라 마을에 사는 사람들에게까지 점차 퍼져나갔다.

문장감이 작성되자 보급 속도는 점점 빨라지고, 평민도 당연한 듯이 문장을 소유하게 되었다. 특히 상공 자영업자 사이에서는 더욱 현저했다. 상인 · 장인인 그들은 문장을 명시하고 상표로 만듦으로써 동업자와의 차이를 보였다.

1696년에 프랑스에서 편찬된 문장총람은 당시 재정 보충을 목적으로 만들어졌지만, 동시에 국가 행정조직에 의한 호적에 가까운 역할을 하게 되었다.

개인의 문장이 나타내는 것

문장은 개인의 존재를 그 자리에서 보여주는 상징

처음에는 전쟁터에서 전사들이 사용

경기회장에서도 사용

어느새 일상적으로 사용됨

특권 계층이 기사와 귀족의 소유물로

- 부동산을 대대로 이어받으며 권익을 일족끼리 계승한다는 상징
- 상속권을 소유했다는 증표

문장은 개인뿐만 아니라 가문과 혈통에 속한 것으로 변한다

문장의 이용에 관한 명확한 규칙이 만들어진다

계속 보급이 진행되어 마을에 사는 사람들에게도 퍼진다

문장감이 작성되면서 더욱 더 보급됨

평민도 소유하게 되었다

상공 자영업자는 상표로 만들어, 동업자와의 차이를 보였지.

호적과 비슷한 역할을 한 문장총람도 있었어.

문장은 개인의 다양한 배경도 이야기하는 표지

에드워드 흑태자 1 전쟁의 방패

Edward, the Black Prince, part1 : Shield of War

백년전쟁의 영웅 에드워드 흑태자는 동시에 문장을 두 개 사용함으로써 문장 역사에 이름을 남겼다.

●에드워드 흑태자의 약력

숱한 무인과 군인을 배출한 영국 역사에서 14세기 중기에 활약한 왕세자 에드워드는 걸출한 군인으로 잘 알려져 있다.

「에드워드 흑태자」라는 별명으로 알려진 그는 1330년, 에드워드 3세의 장자로 옥스퍼드의 우드스톡 궁전에서 태어났다.

1339년에 **백년전쟁**이 발발하자 에드워드 3세는 전쟁터로 향하는 일이 많아졌고, 자연스레 그가 형식적으로 왕의 대리를 맡게 된다. 그리고 1343년, 열세 살의 나이로 웨일스 공으로 임명되었다. 그 이후 잉글랜드의 제1 왕위 계승권자, 즉 왕세자는 **웨일스 공**의 호칭을 받는 관습이 생겼고, 왕세자와 웨일스 공은 거의 동일한 지위로 취급되었다.

●흑태자의 두 가지 문장──전쟁의 방패

문장학의 법칙에서 동시에 사용할 수 있는 문장은 한 사람 당 한 개로 정해져 있다. 하지만 흑태자는 같은 시기에 「전쟁의 방패」「평화의 방패」라고 하는 두 가지 문장을 구별하여 사용한 것으로 알려져 있다.

「전쟁의 방패」 문장은 당시 잉글랜드 왕 에드워드 3세의 문장에 왕세자를 나타내는 은색의 로얄 케이던시를 추가한 지극히 정당한 문장.

그렇다기보다 그가 이 도안을 문장에 도입함으로써, 그 전까지는 반드시 장자를 나타내는 분가 기호로서 특정 · 법칙화되지 않았던 레이블이 공식적인 분가 기호로 규정되었다. 그리하여 이후 왕세자의 문장은 「왕의 문장에 은색 장자의 로얄 케이던시를 첨가한 문장」이라 규정되어, 지금까지 이어지게 되었다.

이 문장이 그려진, 에드워드 흑태자가 실제 사용한 방패는 **캔터베리 대성당**에 안치되어 있으며, 영국에 현존하는 최고(最古)의 방패로 알려져 있다.

에드워드 흑태자의 전쟁의 방패와 문장

에드워드 흑태자의 문장 「전쟁의 방패」

문장학 규칙에서 사용할 수 있는 문장은 한 사람 당 한 개

⬇

하지만 흑태자는 「전쟁의 방패」와 「평화의 방패」라 불리는 두 문장을 같은 시기에 구별하여 사용했다

잉글랜드 왕의 문장

세자를 나타내는 케이던시 마크인 「레이블」

흑태자가 이 마크를 문장에 추가함으로써, 이 기호가 장자를 나타내는 증표로 규정되었어.

에드워드 흑태자의 대문장

투구와 외투

철색 바탕에 금색 면갑 투구. 외투는 바깥쪽이 붉은색이고 안쪽이 흰담비 무늬

투구 장식

정면을 보고 선 자세의 금빛 사자. 목에는 장자의 케이던시가 있다.

가터 기사단의 블루 가터

에드워드 흑태자는 가터 기사단의 초기 26인 중 13인의 지휘를 맡았다

흑태자의 문장

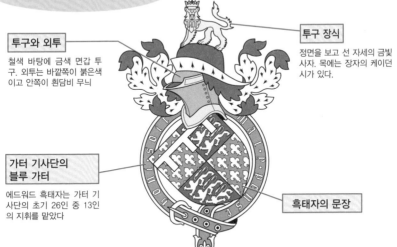

- **백년전쟁**→잉글랜드 왕 에드워드 3세가 프랑스의 왕위 계승권을 주장한 것이 발단으로 일어난 전쟁.
- **웨일스 공**→웨일스 공국의 군주. 웨일스 공국은 후에 잉글랜드의 통치 하에 들어간다.
- **캔터베리 대성당**→브리튼 섬에 그리스도교 포교를 완수한 캔터베리의 교회. 아우구스티누스가 창건하였으며, 영국 교회의 총본산이자 세계유산.

에드워드 흑태자 2 평화의 방패

Edward, the Black Prince, part2 : Shield of Peace

에드워드 흑태자가 사용한 두 번째 문장 「평화의 방패」는 현재 영국 왕세자의 부문장의 기원이다.

● 백년전쟁의 기사 흑태자

백년전쟁 초기에 활약한 흑태자, 즉 왕세자 에드워드는 「기사도를 중요하게 여긴 왕」으로 알려진 에드워드 3세의 가르침 아래에서 자란 탓인지 기사다운 행동으로 유명하다.

그중 하나가 1356년 **푸아티에 전투**에서 프랑스 왕 **장 2세**를 포로로 붙잡고, 본국으로 호송한 에피소드이다. 이 여정 중에 흑태자는 장 2세를 벗처럼 대접했고, 런던에 입성할 때에도 흑태자의 말은 작고 볼품없었지만, 장 2세를 태운 말은 체격이 당당했다. 환영하러 나온 민중은 어느 쪽이 포로인지 당황했다고 한다.

● 흑태자의 두 가지 문장——평화의 방패

흑태자는 「전쟁의 방패」 문장 외에도 또 다른 문장을 한 개 사용하고 있었다. 그것이 「평화의 방패」다.

검은색 바탕에 은색 타조 깃털을 세 개 늘어놓은 이 문장에 대해서는, 그가 1346년에 참가한 **크레시 전투**에서 프랑스 측에서 함께 싸우다 목숨을 잃은 보헤미아 왕 존의 인장에 있던 타조 깃털 도안을 승전기념으로 이용했다는 설과, 어머니인 필리파 왕비의 친정 에노 백작 아벤느 가문의 인장에서 유래됐다는 설이 있다.

이 문장으로 인해 은색 타조 깃털은 왕세자의 부문장(배지)의 도안으로 정착하고, 현재는 세 개의 깃털을 "Ich Dien"(나는 봉사한다)라고 쓰인 스크롤로 감은 것이 왕세자의 부문장으로 정식 채용되고 있다.

흑태자가 이 문장을 주로 사용한 곳은 기마 시합장이다.

마상 창 시합에서 뛰어난 실력을 보인 흑태자는 자주 이 시합에 참가하였고, 그만큼 「평화의 방패」 문장도 민중 앞에 빈번하게 게양되었다.

에드워드 흑태자의 평화의 방패와 부문장

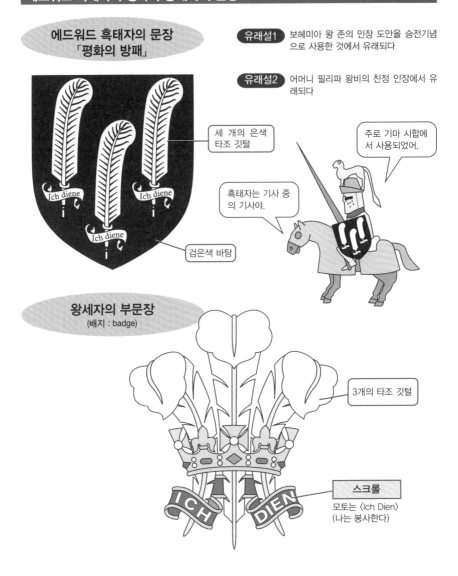

에드워드 흑태자의 문장「평화의 방패」

유래설1 : 보헤미아 왕 존의 인장 도안을 승전기념으로 사용한 것에서 유래되다

유래설2 : 어머니 필리파 왕비의 친정 인장에서 유래되다

세 개의 은색 타조 깃털

Ich diene

Ich diene

Ich diene

검은색 바탕

주로 기마 시합에서 사용되었어.

흑태자는 기사 중의 기사야.

왕세자의 부문장
(배지 : badge)

3개의 타조 깃털

스크롤

모토는 〈Ich Dien〉
(나는 봉사한다)

ICH DIEN

용어해설

● **푸아티에 전투**→1356년 9월에 잉글랜드와 프랑스 사이에 일어난 전투. 프랑스 아키텐 지방이 전쟁터가 된다.

● **장 2세**→발루아 왕조 제2대 프랑스 왕. 별명은 선량왕(르 봉). 1364년, 런던에서 포로 생활을 하던 중에 숨을 거두었다.

● **크레시 전투**→백년전쟁 중에 일어난 전투 중 하나. 1346년 8월, 프랑스 북부에 위치한 크레시-앙-퐁티외 근교가 전장. 잉글랜드 군의 장궁 궁병대가 석궁을 내세운 프랑스 군을 완전히 제압하였다.

에드워드 3세

Edward Ⅲ

프랑스 왕위를 요구하며 백년전쟁을 일으킨 영국 왕은, 그 주장에 걸맞게 자신의 문장을 변경했다.

●백년전쟁의 영국 왕

에드워드 3세는 14세기 잉글랜드의 왕이다. 1312년 잉글랜드 왕 **에드워드 2세**와 프랑스 왕 필리프 4세의 딸 이사벨라와의 사이에서 태어난 그는 불과 열다섯 살의 나이로 왕위에 오르고, 스코틀랜드를 정복, 국내의 산업 진흥과 군제도 개혁을 실시했다. 또 현재도 존속하고 있는 국왕 직속 영국 기사단 **가터 기사단**을 설립한 것도 에드워드 3세다.

그리고 1328년에 **필리프 6세**가 프랑스 왕에 즉위하자, 어머니인 이사벨라의 혈통을 근거로 들며 프랑스 왕위를 요구하지만, 이는 프랑크인의 고전법인 살리카 법전에서 모계 자산 상속은 부정하고 있으므로 부당한 요구였고, 이 요구로 인해 백년전쟁이 발발하게 된다.

●임의로 문장을 만든 왕

에드워드 3세가 처음에 사용한 문장은 사자심왕 리처드 1세 이후 대대로 계승된 「붉은색 바탕에 보행 자세인 사자 세 마리」였다.

그러나 프랑스 왕위를 요구한 에드워드 3세는 1340년 자신의 문장에 임의로 프랑스 왕의 「푸른색 바탕에 금색 백합」 문장을 끼워넣었다. 그는 이 새로 만든 문장을 내걸고 같은 해 발발한 슬로이스 해전에 참가, 승리를 거머쥐면서 도버 해협의 제해권을 장악하게 된다.

이 임의로 만들어진 문장은 1360년에 사용을 중지했다. 그 이유는 같은 해에 벌인 휴전 협정의 결과로 체결된 브레티니-칼레 조약에서 아키텐과 칼레의 할양과 맞바꿔 프랑스 왕위 요구를 포기했기 때문이다. 그러나 1369년에 다시 전쟁이 시작되면서 문장도 다시 사용하게 되었다.

영국 왕의 문장에서 백합이 사라진 것은 **조지 3세**가 프랑스 왕위 요구권을 정식으로 파기하는 1800년의 일이었다.

에드워드 3세의 문장

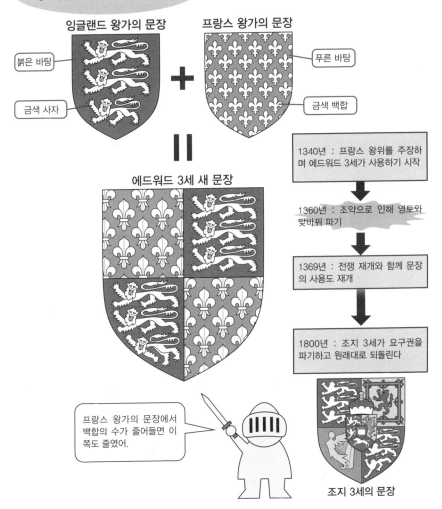

에드워드 3세가 만든 문장

잉글랜드 왕가의 문장

붉은 바탕

금색 사자

프랑스 왕가의 문장

푸른 바탕

금색 백합

에드워드 3세 새 문장

1340년 : 프랑스 왕위를 주장하며 에드워드 3세가 사용하기 시작

1360년 : 조약으로 인해 영토와 맞바꿔 파기

1369년 : 전쟁 재개와 함께 문장의 사용도 재개

1800년 : 조지 3세가 요구권을 파기하고 원래대로 되돌린다

프랑스 왕가의 문장에서 백합의 수가 줄어들면 이쪽도 줄였어.

조지 3세의 문장

용어해설

- ●**에드워드 2세**→잉글랜드의 왕자로 맨 처음 웨일스 공의 칭호를 받았다. 정치에 대한 관심이 별로 없었던 왕이었다고 한다.
- ●**가터 기사단**→아서 왕의 원탁의 기사에 동경을 품고 있던 에드워드 3세가 창설했다.
- ●**필리프 6세**→14세기 프랑스 왕. 스코틀랜드 왕 데이비드 2세의 망명을 받아들였기 때문에 백년전쟁이 일어났다는 설도 있다.
- ●**조지 3세**→18~19세기 영국 왕. 아메리카 독립전쟁 시기의 왕. 별명은 농부왕(파머킹).

솔즈베리 백작 윌리엄 롱제스페

William de Longespée, Earl of Salisbury

영국 문장사에서 최초로 문장을 사용한 사람은 잉글랜드 왕과 전설의 미녀 사이에서 태어난 인물이었다.

● 서자

솔즈베리 백작 윌리엄 롱제스페는 12세기 말부터 13세기 초에 걸쳐 존재한 인물이다.

아버지는 잉글랜드 왕 **헨리 2세**, 어머니는 잉글랜드에서 전설적인 미녀로 알려진 클리포드 가문의 "아름다운" 로자먼드. 헨리 2세와 로자먼드는 애인 사이여서, 윌리엄은 서자 취급을 받았다.

그는 "실지왕" 존에게 대헌장을 승인하도록 조언한 인물로 알려져 있다. 대헌장이란 왕권이 미치는 범위와 제한을 명문화한 법전이다. 현존하는 4부의 원본 중 하나로 가장 원형을 잘 보존하고 있는 것이 윌리엄의 영지에 있는 솔즈베리 대성당에 소장되어 있다.

또 롱제스페란 「장검」을 뜻하는 프랑스어. 그가 전장에서 크고 긴 검을 휘둘렀던 모습에서 붙여진 별명으로, 그 때문에 「윌리엄 장검 백작」이라고 기술되기도 한다.

● 잉글랜드 최고(最古) 문장 사용자

윌리엄 롱제스페는 문장의 역사에 있어서 잉글랜드에서 문장을 사용한 최초의 인물로 알려져 있다.

솔즈베리 대성당에 있는 그의 관 뚜껑 조각상은 사자 여섯 마리가 새겨진 방패를 손에 들고 있다. 이것이 잉글랜드에서 최초로 문장을 사용한 예라고 인정받은 이유는 문장의 규칙 중 하나인 「대대로 계승되는 도안」이라는 점을 충족시켰기 때문이다.

윌리엄의 문장은 원래 그의 조부인 "미남공" 앙주 백작 조프루아 4세가 사용하던 것이다. 아버지 헨리 2세가 사용했다고 하는 기록은 없지만 조부의 문장을 그가 계승하고, 나아가 딸인 아디라에게도 계승되었다는 점에서 이것을 문장이라고 간주할 조건을 충분히 갖춘 것으로 인정받고 있다.

윌리엄 롱제스페의 문장

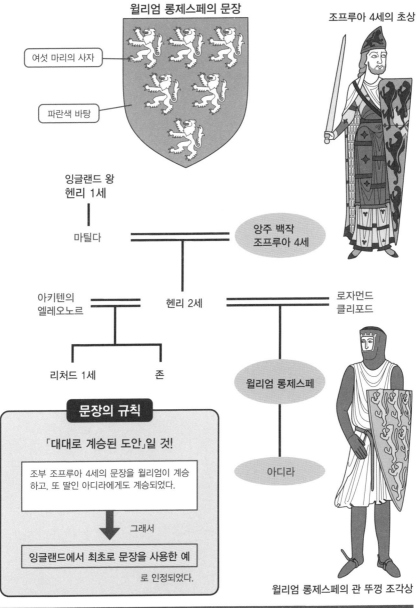

윌리엄 롱제스페의 문장

여섯 마리의 사자

파란색 바탕

조프루아 4세의 초상

잉글랜드 왕
헨리 1세

마틸다 ━━━━━━━ 앙주 백작
조프루아 4세

아키텐의
엘레오노르 ━━━ 헨리 2세 ━━━━ 로자먼드
클리포드

리처드 1세　　　존

윌리엄 롱제스페

아디라

문장의 규칙

「대대로 계승된 도안」일 것!

조부 조프루아 4세의 문장을 윌리엄이 계승
하고, 또 딸인 아디라에게도 계승되었다.

↓　그래서

잉글랜드에서 최초로 문장을 사용한 예

로 인정되었다.

윌리엄 롱제스페의 관 뚜껑 조각상

용어해설

● 헨리 2세→플랜태저넷 왕가 잉글랜드의 초대 왕. 양친 가문에서 받은 유산 상속에 의해 피레네 산맥 서쪽, 남쪽으로는 프랑스의 가스코뉴 지방, 그리고 잉글랜드에 걸친 광대한 지배권을 구축한다. 그러나 자식들이 일으킨 반란으로 인해 잉글랜드를 제외하고 모든 땅을 잃었다.

헨리 8세

Henry Ⅷ

> 헨리 8세는 유럽에서는 이례적으로 「이혼한 왕」이었다. 하지만 그 문장은 관례대로 보수적이었다.

●교회 설립의 왕

헨리 8세는 16세기 잉글랜드의 왕이다.

그를 이야기하면서 빼 놓을 수 없는 이야기가 결혼을 여러 번 했다는 점이다. 그는 55년의 생애 속에서 여섯 명의 왕비를 맞았다. 이것은 영국 왕실사에서도 최다다. 그렇다고 해서 사별을 되풀이한 것이 아니라 여섯 명 중 네 명은 이혼이다.

당시 유럽에서 「왕의 이혼」은 상식을 벗어난 일이었다.

첫 번째 아내인 아라곤의 캐서린과의 사이에 왕녀 메리(훗날 여왕 메리 1세)를 얻지만, 중요한 대를 이을 왕자가 태어나지 않았기 때문에, 결혼한 지 24년 만에 이혼을 하고, 자신의 아이(훗날 여왕 엘리자베스 1세)를 임신한 시녀 앤 불린과의 재혼을 결심한다. 교황 클레멘스 7세에게 「혼인 무효」 선언을 요청하지만 교황은 이 요청을 거부한다. 이것이 원인이 되어 헨리 8세는 로마 교회와 결별하고 스스로 수장이 되어 교회를 설립했다. 이것이 영국 국교회의 시초다.

● 아버지에게서 이어받은 문장

헨리 8세의 문장은 아버지 헨리 7세에게서 이어받은 문장으로, 문장학적으로 지극히 정당한 것이다.

그는 원래 헨리 7세의 차남이며 왕세자는 아니었다. 그래서 즉위 전 그의 호칭은 요크 공이었고, 문장도 아버지 헨리 7세의 문장에 레이블과 흰담비 로얄 케이던시를 첨가한 문장이었다.

형 아서가 국왕에 오르지 못한 채 병사하고 아버지가 숨을 거두면서 헨리 8세가 국왕이 되자, 앞서 말한 대로 국왕의 문장을 계승하게 되었다.

초기에는 대문장도 부왕의 것을 그대로 사용했지만, 후에 서포터를 붉은 용과 하얀 개 조합에서 금사자와 붉은 용으로 변경했다.

헨리 8세의 문장

요크 공 시절 때
헨리 8세의 문장

국왕 시절 때
헨리 8세의 문장

문장은 부왕 헨리 7세의 문장
에 흰담비 로얄 케이던시를
배치한 것

후계자가 장남인 형이
었기 때문에 요크 공
이 된다.

형인 왕세자 아서가 국왕
으로 즉위하지 못하고 병
으로 사망.

그래서 부왕이 숨을 거둔
뒤 왕이 된다.

아버지인 전 국왕의 문장
을 이어받는다.

요크 공 시절 때
헨리 8세의 문장

좌우 서포터를 붉은 용과
흰 개 조합에서 금사자와
붉은 용으로 변경했다

초기에 이어받아 사용한 부왕의 대문장

후에 사용한 대문장

용어해설
● 헨리 8세→여성 편력이 화려한 것으로 알려진 왕이지만, 동시에 잉글랜드 왕실사에서 최고의 팔방미인이었다고
한다. 라틴어를 비롯해 다양한 언어를 익히고, 춤과 음악에 정통하며, 스포츠에서는 마상 창 시합을 즐기는 등 다방
면에서 재능을 발휘했다.

리처드 3세

Richard Ⅲ

장미전쟁 시대 최후의 왕은 전사로 기록된 최후의 왕이면서, 또한 문장을 관리하는 영국 문장원의 설립자였다.

●장미전쟁에 무너진 요크가 최후의 왕

리처드 3세는 15세기 중기의 잉글랜드 왕이자 몇 안 되는 전사한 영국 왕. 또 전사한 최후의 왕이다.

그는 에드워드 3세의 증손자인 요크 공 리처드의 열두 번째 아이로 태어났다. 그는 요크가와 랭커스터가가 싸운 장미전쟁 도중, 섭정하면서 모시고 있던 열두 살의 왕 **에드워드 5세**(리처드 3세의 조카이기도 하다)를 런던탑에 유폐하고, 제후 및 시민 회의의 천거에 의해 왕위에 오른다. 하지만 그의 치세는 길지 않았다. 왕위를 찬탈하고 2년 후인 1385년, 랭커스터 파인 헨리 튜더와의 결전 도중에 전사한 것이다. 이 전투 후 **헨리 튜더**, 즉 헨리 7세가 잉글랜드 왕위에 오르고, 튜더 왕조가 시작되면서 장미전쟁은 끝나게 된다.

그가 그 짧은 치세 속에서 행한 행정 사업 중 하나가 1384년에 왕 직속 기관으로서 문장원을 설립한 것이었다.

●글로스터 공의 문장

리처드 3세는 요크 공의 아들이며, 잉글랜드 왕이 되기 전에 받은 칭호는 글로스터 공이었다.

글로스터 공으로서의 그의 문장은 흰담비가 들어간 은색 레이블에 가장자리에 붉은색 조각을 덧대고, 그것을 잉글랜드 왕의 문장에 첨가한 것이다. 당시 잉글랜드 왕의 문장은 에드워드 3세 이후로 붉은색 바탕에 세 마리의 사자와 푸른색 바탕에 백합을 3분할 배치했다.

왕위에 오른 후에 사용한 대문장은 좌우 양쪽 서포터로 흰 멧돼지가 배치되었다. 또 스크롤을 그릴 때에는 그의 모토인 "Loyaulte me lie"(성실함에 나를 바친다)라는 글자를 써넣었다.

리처드 3세의 문장

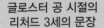

글로스터 공 시절의 리처드 3세의 문장

리처드 3세는 요크 공의 아들. 국왕 취임 전 호칭은 글로스터 공

흰담비가 들어간 은색 레이블에 가장자리를 붉은색 조각으로 덧댔다

왕위 찬탈자로 악명이 높은 리처드 3세가 재위 기간인 2년 사이에 행한 행정 사업 중 하나가 1384년에 문장원을 설립한 것이야.

밑바탕은 잉글랜드 왕의 문장

왕위 취임 후에 사용한 대문장

서포터

좌우로 흰 멧돼지

용어해설

● **에드워드 5세**→선왕인 아버지 에드워드 4세에게 왕위를 물려받지만, 대관식을 치르기 전에 숙부에게 유폐되었다. 런던탑 유폐 후 그의 생사는 불명.

● **헨리 튜더**→리치먼드 백작 에드먼드 튜더와 랭커스터가 방계의 마거릿 보퍼트 사이에서 태어난 아이. 랭커스터가는 에드워드 3세의 4남 곤트의 존을 시조로 한다.

토머스 울지

Thomas Wolsey

요크 대주교이자 대법관 토머스 울지의 문장은 개인과 직무의 문장을 합친 것이었다.

●헨리 8세 왕의 대법관

여러 번 결혼한 왕으로 유명한 영국의 왕 헨리 8세에게 대법관으로 임명된 인물이 토머스 울지다.

대법관이란 국새 관리, 왕에게 올라오는 청원 처리, 상원 의장 등 여러 분야에 걸친 행정 권한을 가진 직분이다. 대법관으로서 독재적 권력을 휘두르며 내정과 외교의 다양한 정책을 주관했던 그의 아래에는 늘 귀족 제후가 비위를 맞추기 위해 몰려들었다. 그러나 또 한편으로 평민에게도 손을 내밀어 법률 상담이나 진정에 무료로 응했다고 한다. 후에 종교 개혁을 실시하고 인쇄업을 보호하게 되는 **토머스 크롬웰**을 알아보고 정계로 들어올 계기를 준 것도 토머스 울지다.

또한 그는 헨리 8세의 이혼 소동에도 관여했다. 그가 왕에게 헌상한 햄프턴 저택(현재 햄프턴 코트 궁전)은 헨리 8세와 앤 불린의 밀회 장소, 다시 말해 불륜의 현장으로 사용되었다.

●요크 대주교의 문장

토마스 울지는 원래 헨리 8세의 아버지인 헨리 7세에게 궁정 예배당 사제로 임명된 성직자였다. 성직자로서의 그의 사회적 신분은 요크 교구를 소관하는 대주교이며, 또 추기경, 교황 특사였다. 그가 요크 대주교임을 나타내는 문장은 왼쪽 절반에 요크 대주교의 직업계급을 나타내는 문장을, 오른쪽 절반에 그 개인의 문장을 2분할로 합친 것이다.

오른쪽──개인의 문장에 그려진 사자의 얼굴은 그의 출신지의 영주 서퍽 백작 드라 폴 가문의 문장에 영향을 받은 것으로 추정된다.

또한 토머스 울지의 문장은 후에 크라이스트처치(옥스퍼드 대학)의 교장(校章)으로 채용된다. 그 이유는 크라이스트처치의 전신이 울지의 명으로 설립된 카디널 칼리지이기 때문이다.

토머스 울지의 문장

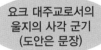

요크 대주교로서의 울지의 사각 군기 (도안은 문장)

대법관 토머스 울지는 다양한 직함을 소유한 헨리 8세 시대의 성직자

오른쪽 절반에 울지 개인의 문장

왼쪽 절반에 요크 대주교의 직업계급을 나타내는 문장

크라이스트처치의 교장

크라이스트처치의 전신은 울지의 명령으로 설립된 카디널 칼리지

울지의 문장을 사용했다

문장 중 사자 얼굴은 그의 출신지의 영주 서퍽 백작 드 라 폴 가문의 문장에 영향을 받은 것

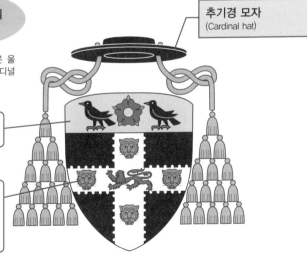

추기경 모자
(Cardinal hat)

용어해설

● **토머스 크롬웰**→16세기 잉글랜드의 정치가. 그는 상고 금지법을 제정하여 잉글랜드가 교황청에서 독립한 국가임을 선언, 헨리 8세에게 영국 국교회 설립을 진언했다.

일본의 천황

Emperor Akihito

현 천황은 가터 기사단의 일원으로 대문장을 소유하고 있다. 이것은 일본식 가문과 서양식 문장의 융합이라고 할 수 있다.

●황실의 문장

현재 일본에 남은 전통적 귀족의 계보로, 천황을 비롯한 황실과 황족을 꼽는 것에 이의를 제기할 여지는 없을 것이다. 일본의 가문과 서양의 문장은 사용법에 차이는 있지만 **미야케(宮家)**의 가문에 문장과 비슷한 차이화가 가해졌다.

황실의 문양는 「십육변팔중표국(十六弁八重表菊)」이라는 이중으로 겹쳐진 열여섯 장의 꽃잎 국화다.

이에 비해 각 미야케의 가문은 꽃잎의 수가 열네 개 내지는 열다섯 개로 되어 있다. 미야케는 이 문양을 기본으로 주위에 도안(대부분 옆에서 본 국화)를 배치해서 가문을 만들었다. 그중에서도 현재는 단절된 아리스가와노미야(有栖川宮)와 치치부노미야(秩父宮)의 가문이 독특한데, 두 미야케 모두 옆에서 본 국화 도안을 합쳤다.

이러한 차이화는 황실의 기에서도 찾아볼 수 있다. 천황기가 「붉은색 바탕에 금색(황색) 국화」인 것에 비해 황태자와 황태손의 기(황태자기 · 황태손기)는 「붉은색 바탕에 흰선으로 둘러싼 금색 국화」, 그리고 황태자 시절 쇼와 천황이 다이쇼 천황의 섭정을 하고 있을 때 제정되었던 섭정기는 「흰색 테두리의 붉은 바탕에 금색 국화」, 그 외의 황족의 기는 「붉은색 테두리의 흰색 바탕에 금색 국화」로 되어 있다.

●천황의 문장

현 천황은 패전 후에 즉위한 최초의 천황으로, 여러 국가의 귀족 요인과 우호를 맺었다. 그 우호로 인해 각국에서 훈장을 수여받고 황금 양털 기사단과 코끼리 기사단, 가터 기사단과 같은 사교적 기사단에 이름을 올렸다.

가터 기사단 단원의 문장이 게양되어 있는 윈저 성의 세인트 조지 예배당에는 「붉은색 바탕에 금색 국화」 문양이 게양되어 있으며, 대문장도 작성되었다. 현 천황의 대문장은 「붉은색 바탕에 금색 국화」 문장을 중심으로 옆을 보는 금색 격자 투구와 국화 투구 장식, 금색과 흰담비 천으로 만든 외투가 배치되었다. 내세운 모토는 「평화」(Achievement of peace : 평화 달성).

현 천황의 문장

명예 기사단원 현 천황의 대문장

현 천황은 세계 각국의 왕과 마찬가지로 가터 기사단의 명예 단원. 기사단 본부인 윈저 성의 세인트 조지 예배당에는 「붉은색 바탕에 금색 국화」 문양이 게양되어 있으며, 대문장도 만들어졌다.

모토는 「평화」(평화달성)

옆을 보는 금색 격자 투구

중심에 「붉은색 바탕에 금색 국화」 문장

금색과 흰담비 천으로 만든 외투(리본)가 배치되었다

대문장

황실의 문양

「십육변팔중표국」 이중으로 겹쳐진 열여섯 장의 꽃잎 국화

● **미야케의 문양**

꽃잎 수가 열네 장 또는 열다섯 장.
미야케는 이 문양을 기본으로 주변에 도안(대부분 옆에서 본 국화)을 배치해서 만들었다.

치치부노미야케

다카마도노미야케

아리스가와노미야(단절)
옆에서 본 국화 그림을 합쳤다.

● **황실기**

천황기
「붉은색 바탕에 금색(황색) 국화」

황태자기 · 황태손기
「붉은색 바탕에 흰 선으로 둘러싼 금색 국화」

섭정기
「흰색 테두리의 붉은 바탕에 금색 국화」

그 외 황족
「붉은색 테두리의 흰색 바탕에 금색 국화」

용어해설

● 미야케→미야 칭호를 받은 황족 일가. 현존하는 미야케는 천황가를 포함하여 전부 후시미노미야(伏見宮) 계보에 속한다.

토머스 홀랜드

Thomas Holland

프랑스 왕위를 상징한다고 여겨지는 백합 문장 도안을 백년전쟁 발발 이전부터 영국에서 사용하고 있던 것이 홀랜드 가문이다.

●백년전쟁의 장군

에드워드 3세의 프랑스 왕위 요구로 인해 벌어진 잉글랜드와 프랑스의 백년전쟁. 백년전쟁 초기에 참전한 무장이 토머스 홀랜드다.

1340년에 프랑스로 건너가 플랑드르 지방에서 싸운 것이 그의 군사 경력의 시작이라 추정되고 있다. 그 후에는 에드워드 흑태자가 처음 지휘관으로 참전한 크레시 전투(1346년)에서 흑태자의 전위대를 맡았으며, 같은 해 칼레 포위전에서 공훈을 세운 그는, 에드워드 3세에 의해 설립된 지 얼마 안 된 가터 기사단의 열세 번째 가입 기사가 되었다.

토머스 홀랜드는 1340년, 대륙 원정 전에 켄트 백작 "우드스톡의 에드먼드" 딸 **켄트의 조안**과 결혼했는데, 이때 두 사람의 나이는 홀랜드가 스물여섯 살, 조안이 열두 살이었다. 이 결혼은 비밀 결혼이었는데, 9년 후에 교황 클레멘스 6세에 의해 결혼 유효가 선언되었다. 1352년 조안의 남동생 켄트 백작 존이 사망한 후 여자 상속인인 조안과 결혼한 홀랜드가 켄트 백작을 이어받게 되었다.

●사자와 백합 문장

토머스 홀랜드가 사용한 문장은 푸른색 바탕에 수놓인 은색 백합 위에 정면을 본 채 한쪽 다리를 들고 선 「무장한」(몸의 일부 색깔을 바꿨다)금색 사자를 배치한 것이다.

이 문장은 부친인 로버트 홀랜드 남작의 문장을 변형한 것으로, 아버지의 문장에서는 사자가 고개를 앞으로 돌리고 있다.

홀랜드가의 문장은 에드워드 3세가 프랑스 왕위를 요구하기 이전 토머스 홀랜드의 조부 업홀랜드의 로버트 드 홀랜드 시대부터 사용했으며, 따라서 에드워드 3세를 따라 바꾼 문장이 아니었다.

토머스 홀랜드의 문장

**홀랜드가의
문장 계승**

조부

업 홀랜드의 로버트 드
홀랜드

홀랜드가의 문장에 있는 백
합은 에드워드 3세가 프랑
스 왕위를 요구하기 이전부
터 장식되어 있었다

아버지

로버트 홀랜드

푸른색 바탕에 수놓인 은색
백합 위에 한쪽 다리를 들고
서 있는 은색 사자

토머스 홀랜드

사자는 정면을 보고 한쪽
다리를 들고 선 자세

가터 기사단장(騎士團章)
토머스 홀랜드는 가터 기사단
의 열세 번째 가입 기사

푸른색 바탕에 은색 백합을
수놓았다

발톱을 빨갛게 칠했다.
문장 용어로 「무장하다」
(armed)라고 한다

아내인 켄트의 조안은 켄트
백작 가문의 여자 상속인

용어해설

● 켄트의 조안→토머스 홀랜드의 아내이나 공식적으로 첫 결혼 상대는 솔즈베리 백작 윌리엄 몬태큐트. 토머스가 죽
은 후에는 에드워드 흑태자의 아내가 되며, 또한 에드워드 3세의 애인이라는 소문도 있었다. 별명은 켄트의 아름다
운 아가씨(Fair Maid of Kent).

윌리엄 셰익스피어

William Shakespeare

르네상스 시대 최고의 극작가 셰익스피어의 문장은 단순하면서도 걸작 문장 중 하나로 손꼽힌다.

● 대리인설까지 있는 세기의 극작가

16세기 영국의 극작가로 가장 유명한 인물이 윌리엄 셰익스피어다. 그는 1564년에 스트랫퍼드 어폰 에이번이라는 시골 마을에서 태어나, 서른 살 전후 무렵 런던 문단·연극계에 몸을 담았다. 『헨리 6세』를 시작으로 그가 만들어낸 수많은 연극은 영국 르네상스의 문예적 측면을 견인하게 된다.

그가 창작해서 세상에 내놓은 작품에 사용된 어휘는 당시 존재한 영어의 80%를 망라했다고 일컬어지고 있으며, 지방의 그래머스쿨(중등교육 학교)만 졸업한 사람치고는 경이로운 어휘력이라는 점에서 대리인설——주로 프랜시스 베이컨설 등이 나돌기도 한다.

● 아버지의 염원을 이룬 문장

셰익스피어의 문장은 금색 바탕에 검은색 대각선 띠 위에 금색 창을 배치한 단순한 것으로, 마을 **참사회원(參事會員)**인 그의 아버지 존이 만든 디자인이다.

그의 아내 메리 아덴이 **향신(鄕紳)** 계급 아덴 가문의 여자 상속인이며, 문장을 소유하고 있었지만, 결혼 당시의 존은 평민이었기 때문에 문장 사용 자격을 갖추지 못했던 것이 존이 문장 이용을 결심한 이유 중 하나라고 추측된다. 여성의 문장은 「남편의 문장과 합치는 것」이기 때문에 평민인 존과 결혼한 메리는 생가의 문장을 내세울 자격을 상실했다. 그런 연유로, 참사회원이 되고 향신 계급이 된 존은 그 상황을 해소하고자 했던 것이다.

또한 본래의 윌리엄 셰익스피어의 문장은 어머니가 여자 상속인이기 때문에 셰익스피어 가의 문장과 아덴가의 문장을 합쳐서 변형해야 되지만, 그는 아버지의 문장만을 자신의 문장으로 사용했다.

윌리엄 셰익스피어의 문장

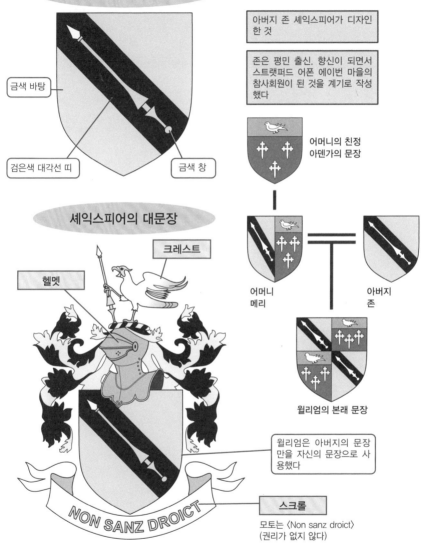

셰익스피어의 문장

아버지 존 셰익스피어가 디자인한 것

존은 평민 출신. 향신이 되면서 스트랫퍼드 어폰 에이번 마을의 참사회원이 된 것을 계기로 작성했다

금색 바탕

검은색 대각선 띠

금색 창

어머니의 친정 아덴가의 문장

셰익스피어의 대문장

크레스트

헬멧

어머니 메리

아버지 존

윌리엄의 본래 문장

윌리엄은 아버지의 문장만을 자신의 문장으로 사용했다

스크롤

모토는 〈Non sanz droict〉
(권리가 없지 않다)

NON SANZ DROICT

용어해설
● **참사회원**→마을 의회 의원을 뜻한다. 존은 스트랫퍼드 어폰 에이번의 시장과 치안 판사를 맡은 적도 있는 마을의 유명인이었다.
● **향신**→원래는 지주 등 토지에서 나오는 불로소득을 가진 계급. 셰익스피어가 살았던 시대에는 관리나 법률가, 은행가 등도 향신의 직업으로 여겼다. 영국에서 문장을 사용할 수 있는 최하층 계급.

프리드리히 2세

Friedrich II

신성 로마 황제의 문장은 두 개의 문장 조합으로 이루어진다. 하나는 황제의 문장, 그리고 또 하나가 가문의 문장이다.

● 시대를 앞선 황제

13세기 신성 로마 제국의 황제 프리드리히 2세는 당시로서는 매우 진보적인 황제였던 것으로 알려져 있다.

1194년 시칠리아 섬에서 태어난 그는 이슬람과 비잔틴, 라틴이 뒤섞인 문화 아래서 자라, 네 살 때 라틴어를 익히고 역사서와 철학서를 애독하는 등 어린 시절부터 총명함을 발휘했다. 소년이라고 부를 수 있는 시기에 이미 6개 국어를 할 수 있었다. 체력적으로도 마술(馬術)과 창에 능했다고 한다.

신성 로마 황제에 즉위한 프리드리히 2세는 역대 로마 황제들이 공표한 법령을 기준으로 「멜피 헌법」이라는 법령을 제정했다. 이 헌법에는 귀족이나 성직자의 권한 제한, 그리고 세금 제도, 화폐 통일, 공공 비용 투자를 통한 빈곤층의 직업 훈련, 표준 약값제정, 개인적인 형벌 금지, 뇌물 금지 등이 강조되었다. 이 항목들은 현대의 시점으로 보면 당연한 것이지만, 당시로서는 선진적이었다. 마찬가지로 전통적인 신명 재판(뜨거운 물 등으로 죄의 유무를 판단하는 신력에 의존한 재판)을 금지하기도 했다.

● 독수리와 사자 문장

프리드리히 2세의 문장은 「금색 바탕에 검은 독수리」와 「금색 바탕에 세 마리의 사자」를 조합한 것이다.

하지만 그 조합법은 좌우로 2분할해서 각각 배치하는 일반적인 형식이 아니라 독수리 문장 중심 위치에 사자 문장을 배치한 방식이다. 이 방식은 신성 로마 황제가 문장을 사용하기 시작한 3세대 전 프리드리히 1세의 시대부터 후세 프란츠 2세 때까지 일관되게 채용했다.

이 두 개의 문장 중 기본 바탕이 되는 독수리 문장은 신성 로마 황제라는 지위에 속한 문장이며, 검은 사자 문장이 아버지 하인리히 6세에게서 이어받은 **호엔슈타우펜 가문**의 문장이다.

프리드리히 2세의 문장

호엔슈타우펜 가문의 문장

신성 로마 황제의 문장

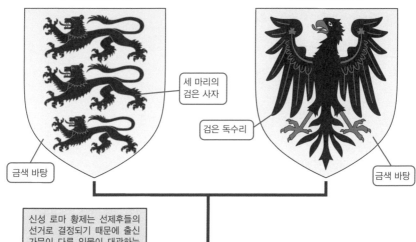

세 마리의
검은 사자

검은 독수리

금색 바탕

금색 바탕

신성 로마 황제는 선제후들의
선거로 결정되기 때문에 출신
가문이 다른 인물이 대관하는
경우도 있었다

이 분할 방식은 신성 로
마 황제가 문장을 사용하
기 시작한 3세대 전 프리
드리히 1세의 시대부터
후세 프란츠 2세 때까지
일관되게 채용했다

중앙에 호엔슈타우펜
가(출신 가문)의 문장

신성 로마 황제
프리드리히 2세의 문장

용어해설

● **호엔슈타우펜 가문**→원래는 라인 강 상류역에 거주했던 게르만계 민족 알라마니족의 유력 귀족. 11세기 초에 신성 로마 황제 하인리히 4세의 딸 아그네스와 프리드리히 1세(신성 로마 황제와는 다른 사람)가 결혼하면서 제국 권력에 한 발짝 가까워지게 된다.

지기스문트

Sigismund

신성 로마 제국의 문장으로 유명한 검은색 쌍두 독수리. 그것을 처음 황제의 문장으로 사용한 것은 지기스문트였다.

●용 기사단을 설립한 황제

신성 로마 황제 지기스문트는 1368년에 태어났다.

신성 로마 황제뿐만 아니라 독일, 헝가리, 보헤미아의 왕도 겸임하던 그가 정권을 잡고 있던 시대는 오스만 제국과 전쟁을 하던 시대였고, 교황 보니파키우스 9세의 요구로 십자군(**니코폴리스 십자군**)에서 중심적 역할을 떠맡았다. 그러나 이 전투에서 대패한 뒤 그에 대한 신뢰는 실추되고, 독일 제후와의 관계가 소원해졌다.

1406년, 지기스문트와 그의 아내 바르바라 첼레는 왕가와 그리스도교의 보호를 목적으로 용 기사단을 설립한다. 이 기사단에 참가한 것은 헝가리 귀족과 국외 유력 인사 21명이었다. 국외 유력 인사 중에는 잉글랜드 왕 헨리 5세와 왈라키아 가시 공작으로 잘 알려진 왈라키아 공 **블라드 3세**도 포함되어 있었다.

●쌍두 독수리의 등장

지기스문트의 문장은「금색 바탕에 무장한 검은색 쌍두 독수리」의 문장과「붉은색 바탕에 은색 가로 띠 분할 문장과 붉은색 바탕에 서 있는 꼬리가 두 개인 은색 사자 문장의 수직분할」문장을 조합한 것이다. 두 문장의 조합 방법은 독수리 문장 중앙에 그의 개인 문장을 배치하는 신성 로마 황제들의 공통된 방식이다.

이 문장에서 특징적인 점은 문장 도안으로 쌍두 독수리 디자인이 채용되었다는 점이다. 쌍두 독수리 자체는 이전부터 존재했지만, 문장 도안으로서 디자인이 확실한 형태로 확정된 것은 지기스문트의 문장에서 사용됐을 때부터로 추정된다.

이 이후로 신성 로마 황제의 문장과 신성 로마 제국의 문장에 사용된 독수리는 쌍두 독수리가 되었다.

지기스문트의 문장

신성 로마 제국 황제
지기스문트의 문장

금색 바탕에 검은
색 쌍두 독수리

신성 로마 제국 황제의 문장에
쌍두 독수리 등장!

쌍두 독수리 자체는 이전부터 존재했지만, 문
장 도안으로서 확정된 것은 이 문장부터

중앙에 배치된
지기스문트 개인 문장

붉은색 바탕에
은색 가로 띠 분할

붉은색 바탕에 서
있는 꼬리가 두
개인 은색 사자

발톱 색이 몸통 색깔과
다른 색이다. 문장 용어
로 「무장」이라고 한다

지기스문트 이후의
신성 로마 제국 황제의 문장

프리드리히 3세의 문장
(재위 1415~1493년)

막시밀리안 1세의 문장
(재위 1493~1519년)

페르디난트 1세의 문장
(재위 1556~1564년)

용어해설

● **니코폴리스 십자군**→1396년 9월, 오스만 제국과 유럽 여러 국가 간에 일어난 전투. 니코폴리스 전투라고도 한다.
대규모 십자군 원정으로서는 최후의 전투이다.
● **블라드 3세**→흡혈귀의 대명사 드라큘라의 모델로 추정되는 인물. No.046 항목을 참조.

샤를마뉴

Charlemagne

중세 기사도 이야기에 등장하는 왕의 대표적 존재 샤를마뉴. 그는 원래대로라면 소유할 리 없는 문장을 가지고 있었다.

●그리스도교 세계의 수호자, 기사들의 왕

샤를마뉴는 800년에 로마 교황 레오 3세에게서 대관을 받은 것으로 알려진 **프랑크 왕국**의 왕이다. 독일식 발음인「카를 대제」라는 이름으로도 잘 알려져 있다. 이 대관의식으로 샤를마뉴는 서로마 황제가 되며,「그리스도교 세계의 수호자」라는 평판을 얻게 되었다. 그가 일으킨, 스페인 이슬람 교도와 왕국 동쪽의 반달족 토벌 원정은 중세 기사도 이야기의 좋은 소재가 되었다. 스페인 원정은『롤랑의 노래』란 서사시가 되었고, 이 작품에 기반을 둔『광란의 올란도』에서는 궁정에 모인 12명의 성기사들 활약이 그려져 있다.

●성기사들의 왕의 문장

문장이 등장한 것으로 추정되는 시기는 12세기경이다. 그렇지만 샤를마뉴가 태어난 시기는 8~9세기다. 문장학적 역사 연표로 따지면 샤를마뉴가 문장을 가지고 있는 것은 거의 있을 수 없는 일이다. 하지만 그럼에도 불구하고, 실제로「샤를마뉴의 문장」이라고 판단되는 문장이 존재한다.

샤를마뉴의 문장은「금색 바탕에 검은 독수리」문장과「푸른색 바탕에 세 송이의 금색 백합」문장을 세로로 2분할해서 합친 것이다. 전자의 독수리 문장은 훗날 신성 로마 황제의 문장 도안과 동일한 것이며, 후자는 훗날 프랑스 왕의 문장(샤를 6세부터 사용되었다)으로 추정되는 것이다.

샤를마뉴의 소유로 판단되는 이 문장은 15세기 화가 장 푸케의 작품『샤를마뉴 대제의 대관식』에 그려진 것으로, 신성 로마 황제와 당시 프랑스 왕 11세의 문장을 기초로 창작된 것이라 추측된다. 또 15~16세기의 화가 알브레히트 뒤러가 그린 샤를마뉴 대제의 초상에서는 합치기 전 형태의 두 문장이 걸려 있다.

샤를마뉴의 문장

샤를마뉴의 문장

15세기 화가 장 푸케가 자신의 작품인
「샤를마뉴 대제의 대관식」에 그린 기

> 문장이 등장한 시기는 12세기경. 그런데 8~9세기의 사람인 샤를마뉴에게 문장이 있었다니….

방패형 문장으로 하면

금색 바탕에 검은 독수리

푸른색 바탕에 세 송이의 금색 백합

신성 로마 황제와 당시 프랑스 왕 11세의 문장을 기초로 창작된 것이라 추측된다

15~16세기 화가 알브레히트 뒤러가
그린 샤를마뉴 대제의 초상화
합치기 전의 두 문장이 있다

용어해설

● **프랑크 왕국**→게르만계 민족인 프랑크 지족(支族) 살리족에 의해 5세기 말에 건설된 왕국. 초대 왕조 메로빙거 왕조의 초대 왕은 클로비스 1세.

블라드 체페슈

Vlad Ţepeş

흡혈귀의 대명사라고 할 수 있는 드라큘라의 모델이 된 인물로, 역시 문장을 사용했다.

●왈라키아의 가시 공작

흡혈귀 드라큘라. **브람 스토커**가 만들어낸 이 괴물의 이름을 아는 사람은 많을 것이다. 더불어 그 모델이 된 실재인물이 15세기 왈라키아(현재 루마니아)의 영주 블라드 체페슈라는 사실도.

블라드 체페슈, 즉 블라드 3세는 1430년경에 블라드 2세의 차남으로 태어났다. 같은 해 아버지 블라드 2세는 신성 로마 황제 지기스문트가 주재하는 용 기사단에 가입함으로써 용공(龍公) 블라드(블라드 드라큘), 혹은 "악마공(惡魔公)"이라는 이름으로 불리게 되며, 그의 자식들도 역시 「용의 아들(드라큘라)」이라고 불리게 되었다.

영주의 자리에 오른 블라드 3세는 엄격하고 가혹한 통치를 단행했다. 당시 교전 상대였던 오스만 제국의 병사와 반란 귀족뿐만 아니라 경중을 막론하고 죄를 지은 평민도 가시 같은 꼬챙이에 꿰어 죽는 형에 처했다. 그래서 그에게는 "가시공(체페슈)"이라는 별명이 붙게 되었다.

●블라드 3세의 문장

블라드 3세의 문장은 왼쪽에 「푸른색 바탕에 흰 초승달과 별」 문장, 오른쪽에 「금색과 붉은색의 가로 띠 분할」 문장을 수직 분할해서 배치한 것이다.

이 가운데 왼쪽 문장은 왈라키아 공작 지위를 나타내는 문장이며, 왈라키아의 국장인 「푸른색 바탕에 나무 위의 십자가를 문 독수리 좌우로 초승달과 별」 디자인에서 초승달과 별만 골라낸 것이다.

이 문장은 왈라키아의 국장으로 사용되던 「독수리와 십자가」 도안과 함께 블라드 3세가 영주의 지위에 있던 1456년부터 1462년 동안 왈라키아에서 주조 발행된 두카토 화폐에 각인되었다. 화폐 주조권을 소유한 봉건영주가 이와 같은 형태로 문장을 이용하는 일은 종종 있었다.

블라드 체페슈의 문장

블라드 3세의 문장

(블라드 체페슈)
또는 "가시공"

15세기 알라키아(현재 루마니아)의 영주이며, 흡혈귀 드라큘라의 모델이야.

왈라키아의 국장

왼쪽
「푸른색 바탕에 흰 초승달과 별」

오른쪽
「금색과 붉은색의 가로 띠 분할」

블라드 3세 시절에 왈라키아에서
주조 발행된 두카토 화폐

화폐 주조권을 소유한 봉건영주가 화폐 디자인에 문장을 이용하는 일은 드물지 않았다

용어해설

● **브람 스토커**→19세기 소설가이자 극장 지배인. 도서관에서 읽은 책 중 블라드 체페슈에 관한 기술에 아이디어를 얻고 「흡혈귀 드라큘라」를 집필한다.

나폴레옹 보나파르트

Napoleon Buonaparte

프랑스의 정복왕 나폴레옹은 그 생애에 걸쳐 세 개의 문장을 소유했고, 그중 두 개는 두 국가의 지배자로서 소유한 것이었다.

● 유럽의 정복자

18세기 프랑스에서 태어난 영웅, 나폴레옹 보나파르트. 코르시카 섬의 하급 귀족 출신인 그의 공적 경력은 포병 장교부터 시작해서 프랑스의 황제에 오르다가, 결국엔 추방당한 섬에서 끝났다.

나브리오네 디 부오나파르테라는 이름으로 태어난 그는 소년 시절에 육군 유년학교에, 그리고 사관학교에서 공부했다. 임관 후 1793년, 프랑스 혁명 초기의 툴롱 포위전에 참가했는데, 지휘관이 부상을 입어서 전시 임관으로 소령이 된 것을 시작으로 승진을 거듭해 간다. **방데미에르의 반란**을 진압한 공으로 사령관에 오른 그는 오스트리아나 이탈리아 북부, 이집트로 원정. 1799년에는 브뤼메르의 쿠테타를 일으키고 통령정부를 수립, 자신이 제1통령으로 취임하고 독재 체제를 구축한다. 1804년에는 「프랑스 인민의 황제」로 즉위. 황제 즉위식의 관례에 반하여, 교황에게서 왕관을 받지 않고 교황의 눈앞에서 자신의 손으로 직접 황제의 관을 머리에 얹었다. 1785년에 임관된 후 20년도 채 지나지 않은 동안에 서로마 대륙의 정점에 올라섰다.

● 나폴레옹이 소유한 세 개의 문장

나폴레옹은 생애에 걸쳐 문장을 세 개 사용했다. 하나는 조상 대대로 내려온 부오나파르테 가문의 문장. 이것은 「붉은색 바탕에 금색 대각선 띠 두 줄을 금색 별 사이에 끼워 넣은 디자인」 문장으로, 황제로 즉위하기 전인 1804년까지 사용했다.

황제로 즉위한 나폴레옹은 「푸른색 바탕에 금색 독수리」 문장으로 변경한다.

또 나폴레옹은 같은 해에 공석이 된 이탈리아 왕위에 올랐고, 프랑스 황제로서의 문장과는 또 다른 문장을 사용하게 된다. 이탈리아 왕으로서의 문장은 단순한 디자인이었던 프랑스 황제의 문장과는 달리 6개의 문장을 합친 복잡한 문장이었다.

나폴레옹 보나파르트의 문장

나폴레옹은 생애에 걸쳐 문장을 세 개 사용했다

황제 시절의 문장

「푸른색 바탕에 금색 독수리」

조상 대대로 내려온 부오나파르테가의 문장

「붉은색 바탕에 금색 대각선 띠 두 줄을 금색 별 사이에 끼워넣은 디자인」

이탈리아 왕의 문장

프랑스 황제와 동시에 이탈리아 왕위에도 올랐다. 문장은 6개의 문장이 합쳐져서 복잡

용어해설

● **방데미에르의 반란**→1795년 10월에 일어난 왕당파를 중심으로 한 민주 세력이 봉기한 사건. 방데미에르란 프랑스 혁명 후에 제정된 공화력에서 포도달인 9월 22일부터 10월 21일 동안의 기간을 가리키는 말이다.

잔 다르크

Jeanne d'Arc, la Pucelle d'Orleans

하늘의 계시를 받고 조국을 구하고자 일어선 구국의 소녀는 왕에게서 문장을 받았다.

●구국 소녀의 전설

에드워드 3세의 프랑스 왕위 요구로 시작된 영국과 프랑스 간의 백년전쟁. 그 후기에 활약한 인물로 알려진 것이「오를레앙의 처녀」라는 별명으로 불리는 잔 다르크다.

1412년, 프랑스 로렌 지방의 동레미 마을 농가에서 태어난 그녀는 열세 살 무렵에 대천사 미카엘의 것으로 추정되는「목소리」를 듣고 전쟁에 참가하게 된다. 잉글랜드에게 포위된 오를레앙을 해방시키는 전투에서는 깃발을 들고 전사들의 사기를 높이는 역할을 했다. 그 후, **왕세자 샤를**을 랭스(클로비스 1세가 세례를 받고, 역대 프랑스 왕이 대관식을 치른 도시)로 인도하고, 그를 왕위에 앉혔다.

그러나 그녀의 영광은 오래 지속되지 못했다. 1430년에 **부르고뉴** 군에 붙잡히고 잉글랜드로 인도된 뒤 이단 심문을 당한 끝에 마녀로 몰려 처형되었다.

●왕이 하사한 문장

잔 다르크의 생가인 농가 다르크 가문에 전해 내려오는 문장은「푸른색 바탕에 활과 세 개의 교차하는 화살」디자인이다.

그러나 그녀가 전장에서 내건 문장은「푸른색 바탕에 금색 왕관을 꿰뚫는 검과 좌우에 금색 백합」문장이었다. 이것은 1429년, 프랑스 왕에 오른 샤를 7세에게서 하사받은 문장으로, 이 이후로 다르크 가문은 이 문장을 사용하게 된다.

동시에 귀족 작위를 받으면서 가문의 이름을「드 리스」(du lys)라고 바꿨다. 이것들은 잔 다르크가 샤를 7세를 랭스로 인도한 공적을 인정하며 치하한 것이다. 그것은 새로운 가문 이름에도 드러난다. 드 리스란 백합, 다시 말해 프랑스 왕권의 상징이라고 할 수 있는 꽃에서 따온 이름이었다.

잔 다르크의 문장

잔의 가문인 다르크가의 문장

「푸른색 바탕에 활과 세 개의 교차하는 화살」

1412년, 프랑스 로렌 지방에 위치한 동레미 마을 농가에서 태어났어.

잔이 내건 문장

「푸른색 바탕에 금색 왕관을 꿰뚫는 검과 좌우에 금색 백합」

프랑스 왕에 오른 샤를 7세에게서 1429년에 하사받은 문장

동시에 귀족 작위를 받으면서 가문의 이름을 「드 리스」(du lys : 백합)로 바꿨다

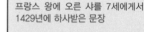

백합은 프랑스 왕권의 상징이라고도 할 수 있는 꽃이지.

용어해설

● **왕세자 샤를**→샤를 7세. 별명은 승리왕(르 빅토류). 잉글랜드에 뺏긴 프랑스 영토의 대부분을 탈환하며 백년전쟁을 종결로 이끈다. 또 마녀로 몰려 처형된 잔의 명예를 훗날 회복시켜줬다.

● **부르고뉴**→프랑스 동부의 한 지역. 농업이 활발하며 와인의 명산지로 알려져 있다. 옛날에는 게르만계 부르군트족이 지배한 땅이라서 지명은 그 이름에서 유래되었다.

마리아 테레지아

Maria Theresia Walburga Amalia Christina von Österreich

마리 앙투아네트의 어머니이며 서유럽 세계의 열녀로 알려진 마리아 테레지아. 그 문장은 그녀의 권세가 얼마나 강한지를 이야기하고 있다.

●합스부르크가 최후의 남계 상속인

18세기 오스트리아의 여걸 마리아 테레지아는 마리 앙투아네트의 어머니로 잘 알려진 인물이다.

그녀는 신성 로마 황제 카를 6세의 딸이자 오스트리아계 **합스부르크 가문** 최후의 **남계 상속자**다. 즉 카를 6세와 같은 세대에 합스부르크가에서는 남자가 태어나지 않았다. 마리아 테레지아 이후(정확히는 그녀의 자식 세대 이후)의 합스부르크가는 그녀의 배우자인 프란츠 1세의 출신 가문 로트링겐가와 가계가 통합되어, 합스부르크-로트링겐이라는 두 가지 성을 가진 가문이 된다.

마리아 테레지아는 황후로서 신성 로마 제국의 공동 통치자(황위는 남편 **프란츠 1세**에게 있었다)였을 뿐만 아니라 오스트리아 여대공, 헝가리 여왕, 보헤미안 여왕이기도 했으며, 합스부르크가 최후의 남계 당주에 어울리는 지위를 가지고 있었다.

●마셜링 문장의 대표적인 예

다수의 문장을 합쳐서 하나의 문장으로 짜맞추는 것을 마셜링이라고 한다. 이 방법을 사용한 문장의 대표적 사례로 흔히 언급되는 것이 마리아 테레지아의 문장이다.

그녀의 문장은 27개의 문장을 합친 것으로 그 문장에 사용된 문장은 남편 프란츠 1세와의 혼인으로 인해 추가된 것을 포함하여 전부 그녀의 통치 하에 있는 영지, 통치권이 있다고 주장하는 영지를 나타낸 문장이다.

또 그녀의 문장으로 잘 알려진 신성 로마 제국 황후 문장은 대문장이며, 그녀 자신의 문장에 신성 로마 제국에 속한 영지와 합스부르크가와 로트링겐가의 문장 등을 추가한 것이다.

마리아 테레지아의 문장

합스부르크가의 상속인
신성 로마 제국 황후
마리아 테레지아의 문장

마리아 테레지아는 신성 로마 제국의 공동 통치자
이자 오스트리아 여대공, 헝가리 여왕, 보헤미아
여왕이기도 했다

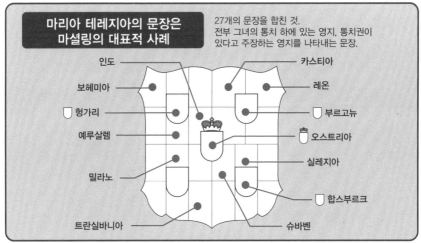

마리아 테레지아의 문장은 마셜링의 대표적 사례

27개의 문장을 합친 것.
전부 그녀의 통치 하에 있는 영지, 통치권이
있다고 주장하는 영지를 나타내는 문장.

인도

보헤미아

헝가리

예루살렘

밀라노

트란실바니아

카스티아

레온

부르고뉴

오스트리아

실레지아

합스부르크

슈바벤

- **합스부르크 가문**→스위스 북동부 바젤 지방을 발상지로 하는 귀족 명가. 여신 베누스(비너스)를 시조로 하는 유리우스 일족의 자손임을 자처한다. 혼인을 통해 유럽 전역에 영향력을 끼치게 된다.
- **남계 상속자**→「부친에게서 아들에게」라는 남자에 의한 자산 상속을 가리킨다. 직접적인 친자 관계 이외에게 상속을 할 경우에는 남자의 혈통만을 따지며, 모친의 혈통은 배제된다.
- **프란츠 1세**→프란츠 1세 슈테판. 독학으로 자연과학을 수학한 이공계열 황제로 알려져 있다. 관대하고 온화한 인품으로 국민에게 사랑을 받았다.

마리 앙투아네트

Marie Antoinette

단두대에 걸린 왕비의 문장은 두 개의 문장을 함께 게시하는 형식을 채용했다.

● 비운의 왕비

「빵이 없으면 과자를 먹으면 되지」

세상에서 가장 유명한 이 폭언을 말한 사람(현재는 사실이 아니라는 설이 유력하지만)으로 알려진 것이 18세기 프랑스의 왕 **루이 16세**의 왕비 마리 앙투아네트다.

동시대 유럽 세계의 여걸 마리아 테레지아의 딸 마리아 안토니아로 태어난 그녀는 오스트리아와 프랑스의 동맹 강화를 목적으로 루이 오귀스트(훗날 루이 16세)와 혼인하게 된다. 시집을 간 앙투아네트는 궁중의, 주로 여성들의 파벌 싸움과 그녀의 이름을 사칭한 사기 사건(**목걸이 사건**) 등에 휘말리게 되고, 혁명의 불씨가 되는 몇몇 사건이 일어나자 미덥지 않은 루이 16세 대신 궁정 사회를 지키기 위해 활약했다.

사실은 오히려 국왕 일가에 할당되는 예산을 삭감하고 기근을 구제하기 위해 기부를 하는 등 매우 자애로운 인물이었지만, 혁명 중 세기의 악녀처럼 선전된 그녀는 결국 민중의 성난 외침 속에서 단두대의 이슬로 사라지게 된다.

● 두 개의 문장

마리 앙투아네트의 문장은 루이 오귀스트가 소유한 프랑스 왕세자의 문장과 프란츠 1세의 자녀로서 소유한 문장(이것은 그녀의 오빠이며 신성 로마 황제인 요제프 2세와 같은 문장이다)을 나란히 늘어놓은 것이었다. 기혼 여성이 일반적으로 하는 두 문장을 합쳐서 하나의 문장으로 만드는 방식이 아니라, 나란히 게시하는 형식이었다.

그 때문에 남편인 루이 오귀스트가 왕위에 올라 루이 16세가 되자 그녀의 문장도 역시 변하게 되는데, 즉 프랑스 왕의 문장과 그녀의 자신의 신분을 나타내는 문장을 나란히 늘어놓는 형식으로 바뀌게 되었다.

마리 앙투아네트의 문장

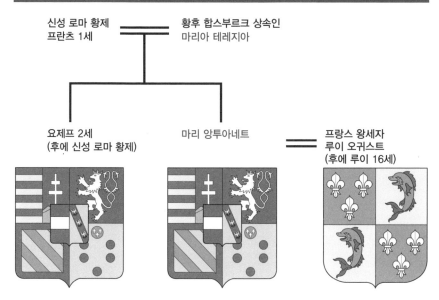

신성 로마 황제
프란츠 1세

황후 합스부르크 상속인
마리아 테레지아

요제프 2세
(후에 신성 로마 황제)

마리 앙투아네트

프랑스 왕세자
루이 오귀스트
(후에 루이 16세)

결혼 후 마리 앙투아네트의 문장

일반적인 기혼 여성의 문장과는 달리 부부의 문장을 합치지 않고 두 개의 문장을 나란히 게시했다

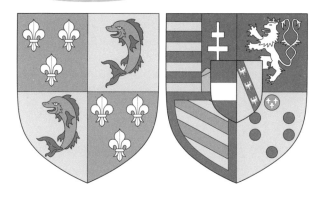

- **루이 16세**→사냥과 자물쇠 제작이 취미인 독특한 왕으로 알려져 있다. 또한 어리석고 무능한 왕으로도 알려져 있지만, 도중에 좌절하기는 했어도 핍박한 국가 재정의 재건에 최선을 다한 왕이었다. 헌법 제정 후의 칭호는 프랑스 국왕(루와 드 프랑스)이 아니라 프랑스인 왕(루와 드 프랑세즈).
- **목걸이 사건**→자칭 라 모트 백작부인이 마리 앙투아네트에게 보낼 선물이라고 속여 루앙 추기경에게 목걸이를 사게 만들고 편취한 사건. 목걸이는 크기가 다양한 540개의 다이아몬드로 만들어졌으며, 당시 프랑스 국가 예산에 필적하는 가치였다.

크리스토퍼 콜럼버스

Cristoforo Colombo / Christopher Columbus

신대륙을 발견한 항해사 콜럼버스의 문장은 그의 공적을 보여주는 듯한 문장이었다.

● 신대륙 발견자

아메리카 대륙을 향한 본격적인 탐험을 감행한 항해 모험가로 알려진 사람이 크리스토퍼 콜럼버스다.

이탈리아 제노바에서 태어난 그는 어릴 때부터 배에서 일을 했고, 20대 후반 무렵에는 이탈리아에서 영국과 프랑스 북쪽 지방을 항해하는 상선대에서 일을 했다.

그런 그가 아메리카 대륙에 이르는 항해에 나선 것은 1492년, 약 40세쯤이다. 인도를 목표로 스페인을 출발한 콜럼버스의 항대는 선원들의 폭동 등을 진정시키면서 약두 달 간의 항해를 거쳐 산살바도르 섬을 발견했고, 현지 주민을 정복한 후에 스페인으로 당당히 돌아갔다. 그는 이때의 공으로 산살바도르 총독과 세습 제독의 지위를 얻었으며, 발견한 땅에서 나오는 수익의 일부를 가지는 권리까지 얻는다. 그 후 제2회 신대륙 탐험에서 원주민의 학살을 되풀이하여 왕궁의 노여움을 샀다. 그리고, 마지막이된 제4회 항해에서는 식민지로 향하던 도중 기항을 거부당하고 방황한 끝에 난파, 구조 후 스페인으로 되돌려 보내졌다.

● 왕의 문장을 받은 문장

콜롬버스의 문장은 「붉은색 바탕에 금색 성과 은색 바탕에 서 있는 붉은 사자, 푸른색 바탕에 흰 물결과 금색 섬, 푸른색 바탕에 다섯 개의 금색 닻, 금색 바탕에 푸른색 대각선 띠와 윗부분에 붉은색」이라는 디자인이다.

이 문장은 신대륙을 발견한 뒤 스페인으로 돌아와서 사용하기 시작한 문장이다. 다시 말해 그가 산살바도르 총독과 세습 제독의 지위를 얻은 후이다. 성과 사자 도안은 그의 후원자였던 가톨릭 부부왕(카스티아와 아라곤의 국왕) **페르난도 2세**의 문장에서 가증된 문장이다. 남은 왼쪽 아래의 섬 문장은 산살바도르 총독, 닻 문장은 세습 제독의 지위와 관련된 것으로 여겨진다.

크리스토퍼 콜럼버스의 문장

콜럼버스의 문장

신대륙을 발견한 뒤 스페인으로
돌아와서 사용하기 시작한 문장

페르난도 2세의 문장

콜럼버스의 공적은 가증
문의 형태로 문장에도 나
타나 있지.

성과 사자가 있는 윗부분은
콜럼버스의 후원자인 페르
난도 2세의 문장에서 가증된
문장

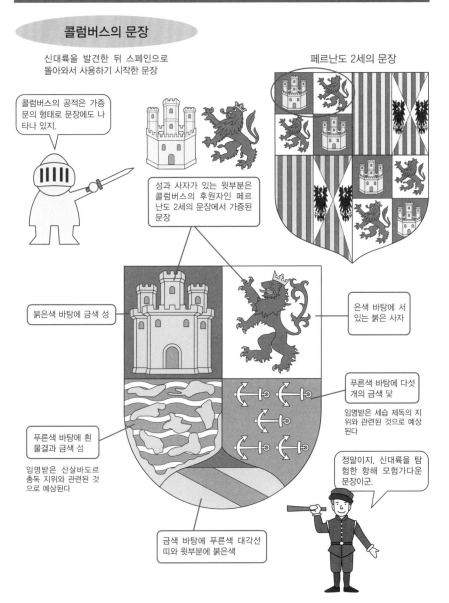

붉은색 바탕에 금색 성

은색 바탕에 서
있는 붉은 사자

푸른색 바탕에 다섯
개의 금색 닻

임명받은 세습 제독의 지
위와 관련된 것으로 예상
된다

푸른색 바탕에 흰
물결과 금색 섬

임명받은 산살바도르
총독 지위와 관련된 것
으로 예상된다

정말이지, 신대륙을 탐
험한 항해 모험가다운
문장이군.

금색 바탕에 푸른색 대각선
띠와 윗부분에 붉은색

용어해설

● **페르난도 2세**→카스티아와 아라곤 두 국가의 연합으로 에스파냐 왕국을 세우고, 이베리아 반도에 남아 있던 최후
의 이슬람교 국가 그라나다 국을 멸망시킨 뒤 800년에 걸친 국토 회복 운동에 종지부를 찍은 왕. 가톨릭왕(엘 카톨
리코)이라는 별명을 가지고 있다.

아이작 뉴턴

Isaac Newton

근대 과학의 아버지이며 최후의 연금술사 뉴턴의 문장은 그 업적과 어울리지 않는 모양을 하고 있었다.

● 만유인력의 발견자, 최후의 연금술사

나무에서 사과가 떨어지는 모습을 보고 만유인력을 발견했다고 하는 17세기 영국의 철학자 아이작 뉴턴. 그는 고전 역학 · 근대 물리학의 기초를 세운 인물로 유명하다.

1492년 링커셔 주의 한촌에서 태어난 그는 할머니의 손에서 자랐다. **그래머스쿨** 시절에 약학 서적을 만난 것을 계기로 과학 방면으로 흥미를 키워나간다. 열두 살쯤에는 물레방아와 해시계, 물시계 등을 직접 만들었다. 진학한 **트리니티 칼리지**에서는 근로 장학생으로 학업에 매진했으며, 훗날 수많은 발견의 기초가 되는 지식을 배워 나갔다.

뉴턴은 근대 과학의 선구자로서 명성이 알려졌지만, 또 다른 얼굴을 가지고 있었다. 그것은 「마술과 연금술 연구자」다. 당시에는 아직 과학과 오컬트가 미분화된 시대였으며, 학문을 배운다는 것은 신학과 신비학에 접한다는 의미이기도 했다. 대학에 남겨진 그의 미발표 연구 문서 「포츠머스 문서」에는 현자의 돌이나 만능 영약의 연구, 아틀란티스 대륙에 관한 고찰, 성서 연구 등이 포함되어 있었다.

● 의외의 문장

뉴턴이 사용한 문장은 「검은색 바탕에 교차된 은색 뼈」라는 단순한 디자인이었다.

그가 문장원에 제시한 문서를 보면, 뉴턴 가문은 글로스터 주의 **준남작(baronet)**이었던 존 뉴턴에서 유래를 찾는 가계이며, 뉴턴 경이 사용한 이 문장을 이용할 권리가 있다고 주장하고 있다. 이에 대해 문장원은 그의 주장을 받아들이고 문장 사용을 허가했다.

뉴턴의 문장

아이작 뉴턴의 문장

「검은색 바탕에 교차된 은색 뼈」

글로스터 주의 준남작 존 뉴턴의 문장. 뉴턴가의 유래라고 주장하고 문장원에게 인정받았다

뉴턴은 근대 과학의 선구자로 알려져 있지만 「마술과 연금술 연구자」이기도 했어. 그런 그에게는 제일 어울리는 문장일지도.

뼈?!

당시에는 아직 과학과 오컬트가 미분화된 시대였지.

현자의 돌이나 만능 영약의 연구, 아틀란티스 대륙에 관한 고찰 등도 했어.

뼈라고 해서 별난 문장은 아니야. 유서도 깊고, 확실하게 문장원에 등록되어 있지.

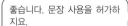

좋습니다. 문장 사용을 허가하지요.

용어해설

● **그래머스쿨**→라틴어를 중심으로 한 어학 교육에 주안점을 둔 학교. 현대 영국에서는 중등교육 기관으로 자리 잡았다.

● **트리니티 칼리지**→케임브리지 대학교를 구성하는 칼리지(학료 제도) 중 한 학교. 1548년에 헨리 8세에 의해 설립되었다.

● **준남작**→잉글랜드의 세습 칭호 중 하나. 법적으로 귀족 칭호는 아니지만, 사회 관습상 귀족 대우를 받는다.

샌드위치 백작 존 몬터규

John Montagu, Earl of Sandwich

샌드위치의 유래로 알려진 영국 백작의 문장은 분가 기호를 삽입한 문장이었다.

●꾸준히 인기 있는 패스트푸드 이름의 유래

야채와 고기를 빵 사이에 끼운 패스트푸드의 대표 주자, 샌드위치. 그 이름의 유래가 된 사람은 제4대 샌드위치 백작 존 몬터규다. 18세기 영국에서 국무 장관과 해군 장관을 지낸 귀족이다.

그의 이름이 영국사에 새겨진 사건이 바로「헬파이어 클럽」스캔들이다. 영국 귀족의 방탕한 자제나 젊은 문인, 예술가들이 참가한 악마 숭배 스타일의 사교 비밀결사「헬파이어 클럽」에 샌드위치 백작도 회원으로 출입했고, 이것이 정적 존 윌크스가 발행한 신문에서 폭로되는 바람에, 그 선동으로 일대 스캔들이 되었다. 사건은 그의 능력으로 윌크스를 체포 투옥시킴으로써 종결되었지만, 오랫동안 샌드위치 백작의 이름은 악명으로 민중에게 기억되었다.

●분가 기호를 삽입한 문장

샌드위치 백작과 관련된 몬터규가의 이름은, 16세기 잉글랜드의 고등 판사이자 **추밀원**의 일원으로 헨리 8세 밑에서 일한 **에드워드 몬터규** 경에게서 볼 수 있다.

몬터규가의 문장은 이때부터 변함없이「은색 바탕에 검은색 테두리와 세 개의 붉은색 마름모꼴」과「금색 바탕에 초록색 독수리」를 조합한 문장을 사용하고 있다.

샌드위치 백작의 문장 중앙에는 은색 별이 배치되어 있다. 이것은 분가 기호와 동일하지만, 그의 문장에만 사용되고 있는 것이 아니라「샌드위치 백작 몬터규 가문의 문장」의 일부로서 삽입되었다.

같은 디자인에 분가 기호가 없는 것을 맨체스터 백작 몬터규가에서 사용하고 있다. 이 가문들은 앞서 말한 에드워드 경의 자식 중 한 명인 헨리 몬터규를 시조로 하고 있다.

샌드위치 백작의 문장

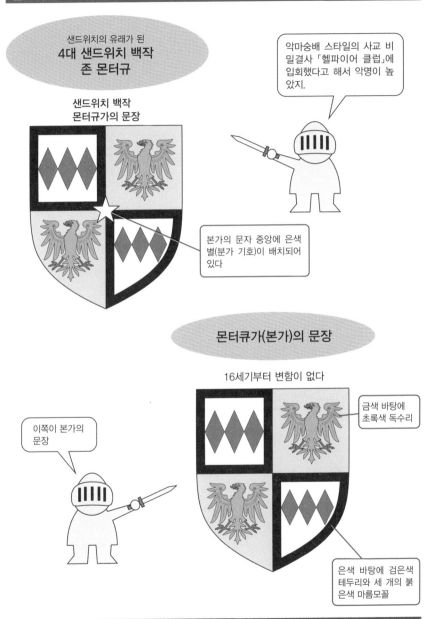

샌드위치의 유래가 된
**4대 샌드위치 백작
존 몬터규**

샌드위치 백작
몬터규가의 문장

악마숭배 스타일의 사교 비
밀결사 「헬파이어 클럽」에
입회했다고 해서 악명이 높
았지.

본가의 문자 중앙에 은색
별(분가 기호)이 배치되어
있다

몬터큐가(본가)의 문장

16세기부터 변함이 없다

이쪽이 본가의
문장

금색 바탕에
초록색 독수리

은색 바탕에 검은색
테두리와 세 개의 붉
은색 마름모꼴

용어해설

● **추밀원**→국왕의 자문 기관. 학문과 지식이 깊은 사람들이 모여서 하는 회의이다. 영국의 내각 제도는 이것을 원형
으로 하고 있다.
● **에드워드 몬터규**→헨리 8세의 유언에 따라 메리 1세의 여왕 대관을 지지한 16인 중 한 명.

리슐리외

Armand Jean du Plessis

『삼총사』속 악역으로 유명한 재상 리슐리외. 화려한 권세를 자랑했던 그의 문장은 교회의 권위로 한 껏 꾸며져 있었다.

●궁중 책략의 재상

뒤마의 소설『삼총사』에서 음모와 책략을 꾸미며 다르타냥과 삼총사를 농락하는 악역으로 알려진 재상 리슐리외. 그는 17세기 프랑스의 재상으로, **루이 13세** 시절 왕궁에서 일한 실존 인물이다.

리슐리외 공작 아르망 장 뒤 플레시는 프랑스 소귀족의 3남으로 태어나 성직자의 길을 걸었다. 성직자 대표로 출석한 1614년 **삼부회**에서 주목을 받은 그는 왕비를 모시는 사제로서 왕궁에서 일하게 된다. 궁중에서 기지와 수완을 발휘하며 마침내 수석 국무 장관으로, 그리고 재상 자리에까지 오른다.

재상이 된 리슐리외는 중앙 집권 체제를 구축하고 왕권의 절대 권력화에 총력을 기울였다. 그중 한 가지가 성직자, 귀족, 평민 계급으로 이루어진 국민 의회인 삼부회의 정지였다. 또한 당시 유럽을 석권하고 있던 프로테스탄트와 가톨릭의 세력 다툼에서 자신이 가톨릭 성직자(**추기경**)임에도 세력 균형의 관점에서 가톨릭 진영 합스부르크가와 대립적인 태도를 취했고, 더 나아가 국내에서 프로테스탄트 탄압 정책을 펼치면서도 **30년 전쟁**에서는 프로테스탄트 지지를 표명했다. 이러한 행동들이『삼총사』의 악역을 그에게 맡긴 이유일 것이다.

●추기경의 문장

리슐리외의 문장은「은색 바탕에 세 개의 붉은 산 모양」인 단순한 문장이다. 대문장에서는 이것에 추기경 모자와 로렌 십자, 왕관과 천막이 추가된다.

그의 형인 추기경 알퐁스 루이 뒤 플레시도 이것과 거의 같은(플레시 가문의 문장 부분은 동일) 문장을 사용했으며, 두 문장은 주로 대문장에 왕관이 붙어 있느냐 없느냐로 구분을 짓는다.

리슐리외의 문장

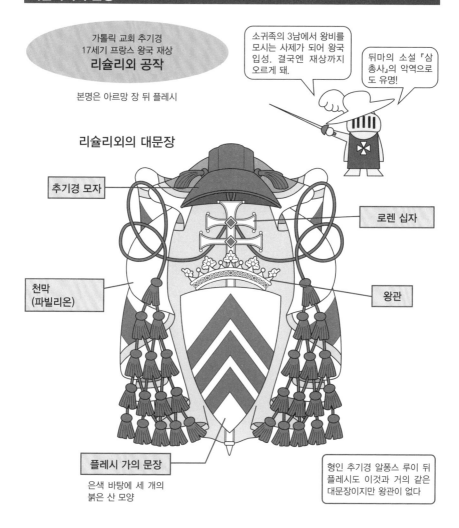

가톨릭 교회 추기경
17세기 프랑스 왕국 재상
리슐리외 공작

본명은 아르망 장 뒤 플레시

소귀족의 3남에서 왕비를 모시는 사제가 되어 왕국 입성. 결국엔 재상까지 오르게 돼.

뒤마의 소설 『삼총사』의 악역으로도 유명!

리슐리외의 대문장

추기경 모자

로렌 십자

천막
(파빌리온)

왕관

플레시 가의 문장

은색 바탕에 세 개의
붉은 산 모양

형인 추기경 알퐁스 루이 뒤 플레시도 이것과 거의 같은 대문장이지만 왕관이 없다

- **뒤마**→알렉상드르 뒤마. 이름이 같은 아들과 구별하기 위해 대(大) 뒤마(뒤마 페르)라고도 불린다. 19세기의 작가로 대표작은 『삼총사』 시리즈와 『몬테크리스토 백작』, 『검은 튤립』 등이 있다.
- **루이 13세**→부르봉 왕조의 두 번째 프랑스 왕. 아홉 살 때 왕위에 오르지만 어릴 때에는 어머니 마리 드 메디시스에게, 성인이 된 후는 리슐리외에게 정치적 실권을 빼앗겼다. 총사대를 조직한다.
- **삼부회**→성직자(제1신분), 귀족(제2신분), 평민(제3신분)으로 이루어진 의회. 일반적으로 「삼부회」라고 할 때는 국정 의회인 전국 삼부회를 가리키지만, 지방 자치 의회도 있었다. 국왕(지방에서는 영주 귀족)의 소집에 의해 개최된다.
- **추기경**→교황에게 조언하는 역할을 담당하고 있는 고위 성직자.
- **30년 전쟁**→1618년 보헤미아에서 발발한 프로테스탄트의 반란을 발단으로 하는 전쟁. 시작은 가톨릭과 프로테스탄트 간의 종교 전쟁이었지만, 합스부르크가와 대국의 개입으로 인해 국제 전쟁으로 번졌다.

다르타냥

D'Artagnan, Charles de Batz-Castelmore

『삼총사』의 주인공 다르타냥. 그 모델이 된 인물의 문장은 소귀족이 소유하기에는 매우 훌륭한 것이 었다.

●삼총사 주인공의 실제 모습

알렉상드르 뒤마의 걸작 소설로 알려진『삼총사』. 그 주인공인 다르타냥에게도 모델이 된 인물이 존재한다.

샤를 드 바츠 카스텔모르라는 가스코뉴 지방 소귀족의 자제가 다르타냥의 모델이다. 바츠 카스텔모르 가문은 출신도 불분명한 가계이지만, 어머니 프랑소와즈의 몽테스키외 다르타냥 가문은 가스코뉴의 유력 인사 몽테스키외 페젠작 백작가의 방계이며, 적어도 아버지보다는 지위가 높은 가계였다. 그 때문인지 10대 중반의 나이로 파리로 상경해서 **총사대**에 들어간 샤를은 본명인 바츠 카스텔모르보다 어머니의 성인 다르타냥을 일상에서 이름으로 사용했다.

40대 무렵, 샤를은 총사대 대장대리 보좌에 취임한다. 총사대 대장은 국왕, 대장대리는 국외에서 지내는 경우가 많았기 때문에 그가 실질적인 총사대의 수장이나 다름없었다. 그 후 정식으로 대장대리로, 그리고 더 나아가 릴 총독으로 취임했다.

그의 출세가 가문의 출세 길을 열었는지, 사촌 동생인 다르타냥 공작 피에르 드 몽테스키외는 프랑스 원사, 마찬가지로 사촌 동생인 조세프 드 몽테스키외는 근위 총사대 대장이 되었다. 두 사람 모두 역사서 등에서 소개될 때에는 늘「그 유명한 다르타냥의 사촌 동생」이라는 수식어가 묻는다.

●매우 귀족다운 훌륭한 문장

다르타냥의 문장은「금색 바탕에 검은색 독수리와 푸른색 바탕에 은색 성을 4분할 배치」한 것이다. 앞서 말했지만 바츠 카스텔모르가는 출신이 불분명한 가문이며, 그 문장의 유래도 확실하지 않다. 그런 면에서 생각해 보면, 독수리와 성이라는 매우 귀족다운 도안을 채용한 이 문장은 과연 벼락출세한 귀족답다고 할 수 있을 것이다.

다르타냥의 문장

다르타냥
(샤를 드 바츠 카스텔모르)
의 문장

뒤마의 소설 『삼총사』의 주인공 다르다냥의 모델이 된 실존인물 샤를 드 바츠 카스텔모르

가스코뉴 지방의 소귀족 출신

10대 중반의 나이로 파리로 올라와 총사대에 입대

40대 무렵
총사대 대장대리 보좌로 취임

총사대 대장은 국왕. 대장대리는 국외에서 지내는 경우가 많다. 그러므로 대리 보좌여도 실질적으로는 대장

그 후
대장대리, 릴 총동으로 출세

사촌 동생인 다르타냥 공작 피에르 드 몽테스키외는 프랑스 원사, 마찬가지로 사촌 동생인 조세프 드 몽테스키외는 근위 총사대 대장

금색 바탕에 검은색 독수리와 푸른색 바탕에 은색 성을 4분할 배치

통성명할 때 어머니 쪽 성인 다르타냥으로 자신을 소개했대.

어머니의 집안은 가스코뉴의 유력 인사 몽테스키외 페젠작 백작 가의 방계로 아버지 쪽보다 지위가 높지.

어머니 프랑소와즈의 친정 몽테스키외 다르타냥가의 문장

몽테스키외 페젠작가의 문장

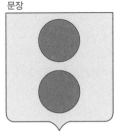

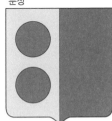

● **총사대**→루이 13세가 왕실 경호병을 머스킷 총으로 무장시킨 것을 기원으로 한다. 리슐리외가 재상이 되자 자신의 경호대에게도 같은 무장을 시킨다. 타는 말의 털 색깔로 구분해서 국왕의 제1총사대/회색 총사대(mousquetaires gris), 추기경의 제2총사대/흑색 총사대(mousquetaires noirs)라고 불렸다.

닐스 보어

Niels Bohr

과학자 보어의 문장은 현대에 새로 만들어진 것이며, 전통적인 문장 디자인과는 약간 성질이 다른 것이었다.

●양자론을 키운 아버지

20세기를 대표하는 과학자 중 한 사람으로 닐스 보어라는 인물이 있다. 덴마크의 수도 코펜하겐에서 태어난 그는 코펜하겐 대학과 맨체스터 대학에서 학문을 익히고 이론물리학 분야에서 수많은 발견을 했다.

보어의 과학적 공적 중 한 가지로, 코펜하겐에 닐스 보어 연구소를 개설하여 덴마크 내외의 과학자들을 초빙한 뒤 코펜하겐 학파라고 불리는 연구 파벌을 형성한 것을 들 수 있다. 이곳에서 「양자물리학에서는 상태에 대하여, 몇 개의 다른 상태가 겹쳐져 있는 것으로 표현하며, 그 어느 쪽의 상태로도 언급할 수 없다고 해석한다. 그리고 관측이 이루어질 때 그 관측 결과에 준하는 상태로 변화한다」라는 코펜하겐 해석이 탄생되었다.

제2차 세계대전이 발발하자 어머니가 유대인인 보어는 미국으로 건너갔다. 그리고 미국의 원자폭탄 개발 계획인 맨해튼 계획에 참가하여 원자핵 분열에 관해 연구했다. 그러는 한편, 핵물리학의 군사 이용 제한을 호소하기도 하였다.

●음양의 문장

전쟁 후 코펜하겐으로 돌아온 보어는 덴마크 국왕에게 코끼리 훈장을 수여받고, 왕이 주재하는 기사단의 일원이 되었다. 원래 문장을 소유하고 있지 않았던 그는 이때 자신의 문장을 만들게 된다. 그래서 탄생한 것이 「은색 바탕에 붉은색과 검은색 태극무늬」 문장이었다. 이 문장은 그가 양자물리학과 동양 철학 사이의 유사성을 찾아낸 것에서 채용된 디자인이다.

그의 문장에는 **코끼리 기사단**의 목걸이가 장식되어 있다. 스크롤에 쓰인 그의 모토는 "contraria sunt complementa"(대립하는 두 개는 상호 보완한다).

닐스 보어의 문장

20세기를 대표하는 양자물리학자
닐스 보어의 문장

덴마크 국왕에게 코끼리 훈장을 수여받고, 왕이 주재하는 기사단의 일원이 되었다. 문장을 소유하고 있지 않았기에 이때 자신의 문장을 만들었다

이론물리학 분야에서 수많은 발견을 하고, 코펜하겐 학파를 형성. 미국의 원자폭탄 개발 계획인 맨해튼 계획에도 참가했다

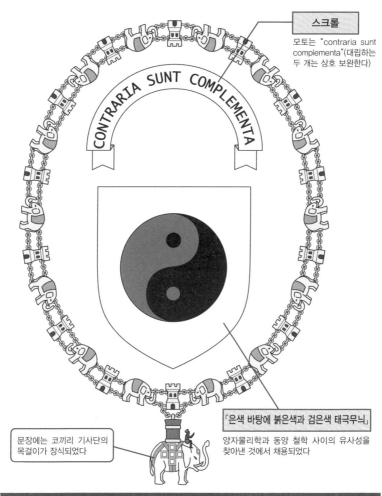

스크롤

모토는 "contraria sunt complementa"(대립하는 두 개는 상호 보완한다)

「은색 바탕에 붉은색과 검은색 태극무늬」

양자물리학과 동양 철학 사이의 유사성을 찾아낸 것에서 채용되었다

문장에는 코끼리 기사단의 목걸이가 장식되었다

용어해설

●코끼리 기사단→덴마크의 훈장과 작위를 받은 사람을 멤버로 하는 사교적 기사단.

가공인물의 문장

Heralds at Fictional persons & Ideas

문장을 소유하는 것은 실재하는 존재뿐만이 아니었다. 중세 시대 사람들은 상상 속의 존재도 문장을 가지고 있다고 생각했다.

●창작된 문장

유럽 역사에서 문장의 역할은, 한 마디로 정의하자면 「개인의 판별」에 있다. 여러 차례 언급했지만 문장의 기원은 전장에서 자신의 존재를 주장하기 위해서였다. 그러던 것이 소속된 가문의 명시 및 일족 내에서 차지하는 위치를 판별하는 데에 사용하게 되었다.

이것들은 전부 그 인물이 가진 권리에 관련된 사항이다. 전장에서는 무훈과 거기서 발생하는 포상에 직결되고, 혈족에서 차지하는 소속 명시는 계승할 영지와 재산과 밀접하게 관련되어 있다.

그러나 시대가 흘러감에 따라 그러한 권리를 가지지 못한 사람도 문장을 소유하게 되었다. 그것은 살아 있지 않은 존재, 살았던 적이 없는 존재들——다시 말해 상상 속, 창작 속의 인물과 개념이다.

문장이 세상에 등장하고 보급됨과 동시에, 신화나 성서 속 등장인물이나 문장이 등장하기 이전 시대에 태어난 역사 속 영웅들, 그리고 이야기 속의 기사들 등 그들이 소유했을 법한 문장을 사람들이 창작하기 시작했다.

그 대표적인 것이 카를 대제라는 명칭으로 잘 알려진 프랑크 왕국의 왕 샤를마뉴의 문장이다. 그는 문장이라는 것이 아직 형태를 갖추지 못한 시대인 8~9세기의 인물이다. 그는 후세의 사람(아마도 화가들)에 의해 문장을 얻게 되었다.

●개념에 대한 문장

신화나 태고적 영웅들, 이야기 속 용사들에게 문장이 생겼듯이 개념에도 창작된 문장이 부여되었다.

15~16세기 중세 말기 경이 되자 온갖 미덕과 악덕이 의인화되었고, 문장이 생기게 되었다.

가공인물이나 개념에게 부여된 문장

 문장의 보급 ▶ 문장이 있는 것이 당연시

문장이 등장하기 이전 인물에게까지 가공의 문장이 부여되었다

대표적인 예가 프랑크 왕국의 왕 샤를마뉴. 문장이 등장하기 전인 8~9세기의 인물이지만, 화가들이 자신의 작품 속에 문장을 창작해서 그려 넣었다

상상 속, 이야기 속 인물에게도 문장이 부여되었다

기사 이야기 속 기사들

이를테면 아서 왕 이야기에 등장하는 란슬롯 경

개념에까지 문장이 부여되었다

중세 말기(15~16세기)부터 미덕과 악덕이 의인화되고 문장이 생기게 되었다

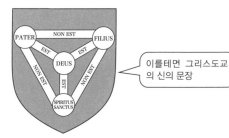

이를테면 그리스도교의 신의 문장

신

The God

온갖 것에 문장을 부여한 중세 시대 사람들은 마침내 하늘에 있는 신에게도 문장을 부여하기 시작했다.

● 유일신의 문장

중동에서 탄생한 유대교, 그리스도교, 이슬람교, 이 세 종교에서 공통적으로 믿는 것이 「신」이다. 중동 국민들과 세 번 언약을 나눈 신은 그 후 유럽 국민에게 신앙의 대상으로 떠올랐고, 사람들의 생활 규범이나 문화의 기반이 되었다.

유럽에서는 문장이 보급되면서 실존인물뿐만 아니라 다양한 것이 문장을 가지게 되었다. 15세기경에는 신(그리스도교의 신)에게도 문장이 부여되었다.

그리스도교 신의 문장은 「푸른색 바탕에 은색과 검은색 글자로 이루어진 삼위일체의 방패」이다. 이 「삼위일체의 방패」란 「신앙의 방패」라고도 불리며 그리스도교 신학에서 말하는 삼위일체를 도식화한 것이다.

이 문장을 기본으로 하여 대문장에서는 「청색과 은색 리본(외투)으로 장식하고 옆을 보고 있는 은색 격자 투구와 왕관, 보주(宝珠)을 물고 있는 흰 비둘기」 장식이 첨가된다. 또한 문장 · 대문장에서 사용된 은색을 금색으로 바꿔서 그리는 경우도 있었다.

● 삼위일체의 문장

13세기경에는 「삼위일체의 방패」 문장을 이용한 실례가 이미 존재했다. 그것은 「초록색 바탕에 삼위일체의 방패」로 윌링포드의 수도사가 작성한 사본에 기록되어 있었다.

그리고 15세기에는 「푸른색 바탕에 꽉 차게 그려진 삼위일체의 방패」를 **대천사 미카엘**의 문장이라고 여기게 되었다.

또한 백년전쟁 중 아쟁쿠르 전투(1415년)에서는 영국의 왕 헨리 5세가 「붉은색 바탕에 삼위일체의 방패」 문장을 군기로 사용했다.

삼위일체의 방패

15세기에는 그리스도교의 신에게도 문장이 부여되었다. 도안의 모티브가 된 것이

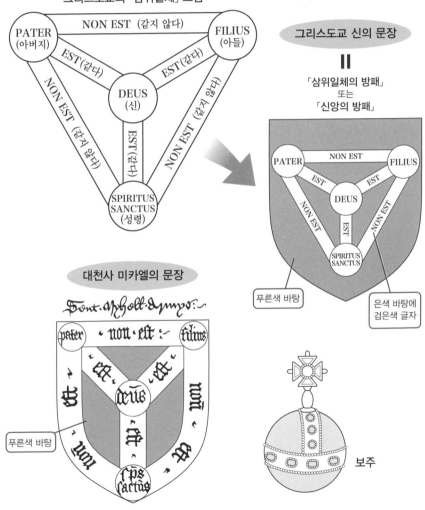

그리스도교의 「삼위일체」 그림

PATER (아버지)
FILIUS (아들)
DEUS (신)
SPIRITUS SANCTUS (성령)

NON EST (같지 않다)
EST (같다)
EST (같다)
NON EST (같지 않다)
EST (같다)
NON EST (같지 않다)

그리스도교 신의 문장

＝

「삼위일체의 방패」
또는
「신앙의 방패」

PATER
NON EST
FILIUS
EST
EST
DEUS
NON EST
EST
NON EST
SPIRITUS SANCTUS

푸른색 바탕

은색 바탕에 검은색 글자

대천사 미카엘의 문장

pater · non · est · filius

deus

푸른색 바탕

보주

용어해설
● **대천사 미카엘**→중동 일신교의 천사 중 한 명. 대천사. 이슬람교에서는 미카일. 유럽 인명 중 마이클이나 미셸, 미구엘 등의 어원.

그리스도와 악마

Jusus Christ & Satan

구세주와 악마——사람들은 그들에게도 문장을 주었다. 그들의 문장은 각자의 역할과 성질을 연상시키는 것이었다.

● 구세주의 문장

중동에서 발상해 현재도 많은 사람들이 믿고 있는 세 종교 중 하나인 그리스도교. 그 종교의 창시자가 예수 그리스도이다.

「유대인의 왕, 나사렛 예수」라고 불린 그의 가르침은 중동뿐만 아니라 유럽 전역, 그리고 지구 전체로 퍼져서 지금에 이르렀다.

15세기경에 유럽인들 사이에서 성행했던 가공의 문장 창조 활동으로 인해 예수 그리스도에게도 문장이 부여되었다.

예수의 문장은 「푸른색 바탕에 **성 베로니카의 성안포(聖顔布)**」라는 디자인이다. 대문장에서는 이것에 금색 면갑 투구와 가시관이 그려지고, 책형 때 쓰던 십자가와 채찍, 창이 장식으로 부속된다.

예수 그리스도의 문장에 그려진 요소는 전부 수난을 겪은 그의 인생을 상징하는 것이다. 다시 말해 이것은 「예수 그리스도는 사람들의 죄를 짊어지고 책형을 받은 구세주」라는 그리스도교 신앙에 기인한 것이라고도 할 수 있다.

● 악마의 문장

중세 유럽의 사람들은 신과 그리스도에게 문장을 준 것처럼 신과 적대 인물인 악마 사탄에게도 역시 문장이 있다고 생각하였다.

사탄에게 부여된 문장은 「붉은색 바탕에 중앙에 금색 가로 띠와 세 마리의 초록색 두꺼비」 디자인이다.

이 문장은 1270년경 잉글랜드에서 기록된 『두스 묵시록 사본』의 제20장 7절부터 제10절의 삽화에 게재된 것이 가장 오래된 기록으로 여겨진다. 그 게재 부분은 사탄이 지옥에서 해방되어 지상에 불 재앙을 일으키고 사람들을 불과 유황으로 괴롭히는 장면이다.

예수의 문장과 악마의 문장

예수의 문장

15세기경에 유행했던 가공 문장은 예수 그리스도에게도 부여되었다

푸른색 바탕

성 베로니카의 성안포

악마 사탄의 문장

최고(最古)의 예는 잉글랜드에서 기록된 『두스 묵시록 사본』(1270년경)의 삽화

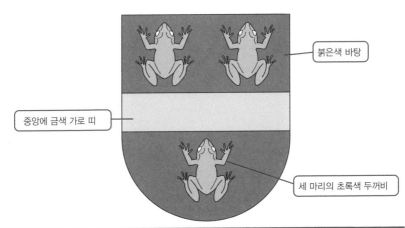

붉은색 바탕

중앙에 금색 가로 띠

세 마리의 초록색 두꺼비

용어해설

● **성 베로니카의 성안포**→예루살렘에 사는 경건한 여성 베로니카가 처형되기 위해 십자가를 지고 걷는 예수의 피를 닦은 천. 기적으로 인해 천에는 예수의 얼굴이 새겨졌다.

아서 왕

King Arthur & His knight

중세의 음유시인들의 입에서 입으로 전해진 기사 이야기. 그 대표적 존재인 아서 왕 이야기의 등장인물들에게도 문장이 부여되었다.

●전설의 왕 아서

중세 유럽 문학의 대표적 장르인 기사도 이야기. 그 대명사적인 존재가 **아서왕과 원탁의 기사** 이야기다. 바위에 꽂힌 검을 뽑음으로써 예언에 나오는 왕이 된 아서는 원탁의 기사와 함께 많은 영웅담을 남긴다. 호수의 여인에게서 마법의 검 엑스칼리버를 받은 이야기도 그중 하나다. 현재 아서 왕은 문장이 등장하기 이전인 5세기 말의 인물로 추정되고 있지만, 중세의 사람들은 이 전설의 왕에게도 「가공인물」로서 문장을 주었다.

아서 왕의 문장이라고 추정되는 것은 두 종류이다. 하나는 「붉은색 바탕(푸른색 바탕일 경우도 있다)에 세 개의 금색 왕관」 문장으로, 이것은 그가 최후에 사용했던 것이라고 한다. 또 하나는 「푸른색 바탕에 열 개의 금색 왕관」 문장으로, 이것은 아서 왕이 브리튼 섬의 여러 왕국을 통합한 후에 사용하기 시작한 문장이라고 한다.

참고로 15세기 화가 알브레히트 뒤러가 디자인하고 오스트리아의 인스부르크 궁정 교회에 전시되어 있는, 아서 왕 동상이 가지고 있는 방패에 새겨진 것은 15세기 잉글랜드 왕의 문장이다.

●원탁의 기사 문장

아서 왕에게 문장이 부여되었듯이 그의 아래로 모인 기사들에게도 역시 문장은 부여되었다.

몇 가지 예를 들자면, 원탁의 기사의 대표격인 란슬롯의 문장은 「흰색 바탕에 오른쪽 위에서 대각선으로 나눈 붉은색 짝수 분할」, 아서 왕의 조카 가웨인은 「푸른색 바탕에 금색의 쌍두 독수리」, 성배를 발견한 퍼시벌은 「푸른색 바탕에 열일곱 개의 금색 십자」 등 각자 특유의 문장이 있었다. 그로 인해 아서 왕과 원탁의 기사들, 그리고 이야기 등장인물들의 문장은 특별히 문장감이 만들어질 정도였다고 한다.

아서 왕과 원탁의 기사의 문장

아서 왕의 문장

중세의 사람들은 문장이 없는 그에게도 「가공인물」로서
두 종류의 문장을 부여했다

● 최초로 사용한 문장

세 개의 금색 왕관

붉은색 바탕(푸른색일 경
우도 있다)

● 브리튼 섬의 여러 왕국을 통합한 후에 사용한 문장

열 개의 금색 왕관

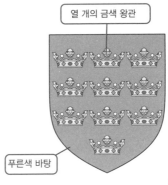

푸른색 바탕

오스트리아의 인스부르크 궁정교회에
전시되어 있는 아서 왕 동상에는 15세
기 잉글랜드 왕의 문장이 새겨져 있다.

원탁의 기사의 문장

아서 왕 밑에 모인 원탁의 기사들에게도 문장이
부여되었다

호수의
란슬롯 경
흰색 바탕에 오른쪽 위에서 대각선
으로 나눈 붉은색 짝수 분할

아서 왕의 조카
가웨인 경
푸른색 바탕에 금색의 쌍두 독수리

성배를 발견한
퍼시벌
푸른색 바탕에 열일곱 개의 금색
십자

용어해설

● **아서 왕과 원탁의 기사**─예언된 왕과 무엇이든지 베는 마법의 검, 왕비와 기사의 로맨스, 성배 탐색이라는 흥미로
운 요소들이 가득 찬 이야기로, 중세 기사 이야기의 대표적 존재로서 음유시인들의 입에서 입으로 전해졌다.

기업과 조합의 문장

About Heralds for Companies & Guilds

현대와 중세, 그 두 시대에 존재하는 경제 활동을 하는 단체는 모두 문장이나 그와 비슷한 표지를 소유하고 있었다.

● 사장(社章)——기업의 문장

유럽 각국에서는 그 역사적 전통에서 다양한 조직이 문장을 소유한다.

그중 한 가지 형태가 사장, 즉 회사의 문장이다. 유럽의 사장·상표 중에는 방패나 차지, 오디너리즈와 같은 문장의 도안이나 소재를 이용해서 만들어진 것이 적지 않다.

그러나 사장은 문장원이 관리하는 것이 아니며, 작성 시 문장학적 규칙에 복종하라는 요구는 하지 않는다. 사용하는 문장학적 도형 역시 보편적인 것은 차치하고, 상징적인 차지나 그 조합을 이용할 때에는 앞서 사용하는 사람의 허락을 얻는 등 예의적·도의적인 배려는 요구되지만, 대부분의 국가에서는 법적인 의장등록상의 제한 이외에 따로 규정사항이 없다(적어도 법률적으로는).

유럽 기업의 사장은 그 회사와 인연이 있는 문장에서 수용하는 경우가 많다.

예를 들어 자동차 메이커로 유명한 독일의 포르쉐 사의 사장은 뷔르템베르크 주의 오래된 문장과 그 주의 수도인 슈투트가르트 시의 문장을 합쳐 만들어진 것으로, 포르쉐 본사가 그곳에 있는 것에 유래한다. 또 영국의 철도 회사 각사의 사장은 철도로 이어지는 여러 도시의 문장을 합쳐서 하나의 문장으로 만드는 형식을 채용하고 있다.

● 길드의 문장

길드는 지방 상인이나 장인의 직업 조합으로 활동했다. 중세 시대부터 활동한 각지의 길드들도 문장을 소유하고 있다. 길드의 문장은 문장이 등장한 지 얼마 지나지 않아 만들어지게 되었고, 기록상 최초로 문장원에 등록된 것은 직물 조합의 문장으로 1438년의 일이었다. 길드의 문장은 취급하는 물품이나 기술과 연관된 도안을 채용하는 경우가 많다.

회사 등의 문장

회사의 문장(사장)

유럽 기업의 사장은 그 회사와 인연이 있는
문장에서 수용하는 경우가 많다

런던 사우스 웨스턴 철도는 철도로 연결되는
여러 도시의 문장을 합쳤다

포르쉐 사의 문장
본사의 소재지에서 유래한다

런던 시

원체스터

슈투트가르트 시의
문장

뷔르템베르크 주의
오래된 문장

사우샘프턴 시

포츠머스 시

길드의 문장

기록상 최초로 문장원에 등록된 것은 직물
조합(1438년).
길드의 문장은 취급하는 물품이나 기술과 연
관된 도안을 채용했다

기사단

Order of Chivalries

왕이 주재하는 기사단원들은 단을 상징하는 목걸이를 문장에 추가했다. 이 관례는 현재도 기사단에서 유래된 훈장을 수훈한 사람들에게 이어지고 있다.

●최초의 왕궁 기사단

주군에게 충성을 맹세하는 기사들의 군단——기사단. 판타지 소설이나 만화에 등장하는 기사들의 집단은 역사 속에서도 실제로 존재했다.

하나는 템플 기사단이나 성 요한 기사단과 같은 **기사 수도회**. 또 하나가 이 항목에서 이야기할 국왕이 주재하는 왕궁의 기사단이다.

왕궁 기사단의 대표적 존재가 잉글랜드의 가터 기사단이다. 기사도를 중시하는 에드워드 3세가 1348년에 26명의 기사를 소집해서 설립했다.

가터 기사단에 가입한 사람은 문장에 파란색 가터 그림을 추가할 권리를 얻는다. 이 가터벨트는 기사단을 상징하는 아이템이며, 기사단원은 정장을 할 때에 왼쪽 다리에 가터벨트를 묶는 것이 규정으로 정해져 있다.

문장 및 정장 가터에는 "Honi soit qui mal y pense"(부정한 생각을 하는 자에게 화가 있으라)라는 말이 들어가 있는데, 이는 칼레전(1347년) 승리를 기념하는 연회에서 켄트의 조안이 떨어뜨린 가터벨트를 에드워드 3세가 주워 자신의 왼쪽 다리에 묶을 때 했던 말이라고 한다.

●그 외의 왕궁 기사단

가터 기사단과 나란히 알려진 기사단이 황금 양털 기사단이다. 이 기사단은 1430년에 "선량공" **필리프 3세**에 의해 설립되었다. 후에 기사단은 합스부르크가에서 관리하게 되었고, 오스트리아와 스페인의 합스부르크가 각각 이름이 같은 기사단을 소유하게 되었다. 이 외에도 신성 로마 황제 지기스문트가 1406년에 설립한 용 기사단도 잘 알려져 있다.

최초의 왕궁 기사단인 가터 기사단과 마찬가지로, 언급한 기사단의 기사단원들은 문장에 기사단 목걸이를 그릴 권리를 얻었다.

기사단의 상징 도안

가터 기사단
(잉글랜드)

국왕 에드워드 3세가 설립(1348년). 가터(가터벨트)는 기사단을 상징하는 아이템. 정장을 할 때에는 왼쪽 다리에 묶는다. 가터 기사단원은 문장에 파란색 가터 도안을 추가할 권리를 얻는다.

모토는 "Honi soit qui mal y pense"(부정한 생각을 하는 자에게 화가 있으라)

(개인의 방패 문장이 들어간다)

중앙의 방패를 가터가 감싸고 있다

리처드 3세의 대문장

황금 양털 기사단
(프랑스)

"선량공" 필리프 3세가 설립(1430년)

(개인의 방패 문장이 들어간다)

황금 양털 기사단의 목걸이

이들 기사단에게는 문장에 기사단 목걸이를 그릴 권리가 주어졌다.

용 기사단
(신성 로마 제국)

황제 지기스문트가 설립(1406년). 용이 몸을 둥글게 만 형태의 목걸이

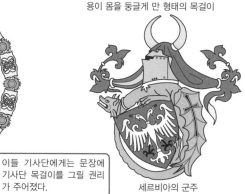

세르비아의 군주 스테판 라자레비치의 문장

용어해설

- **기사 수도회**→십자군 시대에 설립된 기사단. 단원은 기사이자 수도사이다. 1118년에 설립된 템플 기사단을 효시로 삼는다.
- **필리프 3세**→15세기 부르고뉴의 공작. 백년전쟁에서는 프랑스 왕가와 대립하며, 잔 다르크를 잉글랜드로 넘긴 인물로 알려져 있다.

요크 가문과 랭커스터 가문

York & Lancaster, Houses of Wars of Roses

잉글랜드를 양분한 내란, 장미전쟁. 그 중심에 있던 두 공작가는 똑같이 기에 장미를 그렸다고 한다.

● 싸우는 왕가──장미전쟁의 두 가문

영국과 프랑스가 백년에 걸쳐 되풀이한 백년전쟁이 종결된 후에도 잉글랜드 국내는 안정되지 않았다.

에드워드 3세의 피를 함께 이은 요크가와 랭커스터가, 두 공작 가문 사이에서 왕위를 둘러싼 항쟁이 발발한 것이다. 두 가문은 서로 군비를 가진 대귀족들을 아군으로 만들고 파벌을 형성, 결국에는 무력 충돌을 반복하며 잉글랜드를 내전 상태로 만들고 만다. 이 싸움을 「장미전쟁」이라 한다.

장미전쟁이란 이름은 두 가문이 동시에 장미를 부문장으로 사용하고 있었던 것에 유래한다. 요크가가 흰 장미, 랭커스터가가 붉은 장미를 부문장으로 삼고, 군기나 진영 서코트, 방패 등에 그려 넣었다.

하지만 실제 랭커스터 파가 붉은 장미를 부문장으로 사용한 것은 장미전쟁 말기, 요크 파의 중심인 리처드 3세가 전사하고 사실상 최후의 전투가 된 **보즈워스 전투**(1485년)에서다. 사실 이 「장미전쟁」이라는 명칭 자체가 19세기에 만들어진 것이다.

두 가문이 실제로 군기의 도안으로 빈번하게 사용하고 있던 것은 각 진영 중심인물의 부문장이다. 전쟁 말기의 시점에서 랭커스터 파는 헨리 튜더의 붉은 용, 요크 파는 리처드 3세의 흰 멧돼지였다.

● 새 왕조의 장미

장미전쟁은 랭커스터 파의 헨리 튜더의 승리로 막을 내렸다. 그리고 그는 헨리 7세가 되며 튜더 왕조를 열게 된다.

헨리 7세는 랭커스터가와 요크가 두 가문이 기에 새겼던 붉은색과 흰색 장미를 합쳐서 「왕가의 장미」 또는 「튜더의 장미」 기장(記章)을 만들었고, 이것을 왕가제후 통합 화해의 상징으로 삼았다.

장미전쟁의 부문장

「장미전쟁」

두 가문이 동시에 색깔이 다른 장
미 부문장을 사용

요크 가문

흰 장미

실제로 군기의 도안으로 빈번하게
사용했던 것은 각 진영의 중심인물
의 부문장이다

랭커스터 가문

붉은 장미

요크 가문

리처드 3세의 흰 멧돼지

(전쟁 말기의 부문장)

랭커스터 가문

헨리 튜더의 붉은 용

헨리 7세의 「왕가의 장미」 또는 「튜더의 장미」

랭커스터 파의 헨리 튜더가 승리하고 헨리 7세가 되면서 튜더 왕조를 열었
다. 헨리 7세는 두 가문의 장미를 합쳐서 통합 화해의 상징으로 삼았다

용어해설

● **보즈워스 전투**→1485년 8월에 일어난 사실상 장미전쟁의 최후의 전투. 5천 명의 병사를 지휘한 헨리 튜더가 리처
드 3세의 8천의 병력을 물리친다.

합스부르크 가문

House of Habsburg

유럽의 여러 왕가와 혼인 관계를 맺은 합스부르크가. 사실상 대제국을 이룬 이 가문의 문장은 많은 변화를 겪었다.

● 유럽을 석권한 왕가 혈통의 가문

합스부르크 가문은 중세부터 근대에 걸쳐 유럽 세계에서 커다란 영향력을 지닌 귀족가로 알려져 있다.

시작은 스위스 북동부 라인 강 상류 지역이었다. 13세기 후반, 합스부르크 백작 루돌프가 독일 왕으로 선출된 것이 권세의 시작이었다.

합스부르크의 특성을 보여주는 것으로 알려진「전쟁은 다른 가문에 맡겨라. 행복한 오스트리아여, 그대는 결혼을 해라」라는 말처럼, 합스부르크가는 혼인을 통해 각국 왕가와 피를 섞고 영향력을 획득해 갔다.

합스부르크의 문장은「금색 바탕에 푸른색 왕관을 쓴 붉은 사자」다. 이것은 합스부르크 백작 시대부터 사용해 왔던 문장이다. 오스트리아 공작가가 된 후에는「붉은색 바탕에 은색 가로 띠」문장을 사용하게 되었다. 1477년에 **막시밀리안 1세**가 마리 드 부르고뉴와 혼인하고 가계 통합을 하면서 그녀의 부르고뉴 영유권을 나타내는「붉은 테두리에 파란색과 금색 대각선 분할」문장을 합쳤다. 또 1736년에 마리아 테레지아가 로트링겐가의 프란츠 슈테판과 결혼하면서 가계를 통합하고, 합스부르크-로트링겐가가 되자, 처음에 사용한 사자 문장과 오스트리아 공의 문장, 거기에 로트링겐가의 문장인「금색 바탕의 붉은색 대각선 띠 위에 정면을 향한 다리 없는 세 마리의 은색 제비」, 이렇게 세 개의 문장을 합친 것이 되었다.

● 또 다른 합스부르크가

합스부르크가는 스페인에도 또 다른 왕가의 핏줄을 가진다. 이것은 막시밀리안 1세의 자식 펠리페 1세가 아내 후아나의 어머니 카스티아 여왕 이사벨 1세가 사망한 후에 그 지위를 계승한 것으로(정확히는 후아나가 여왕이었다), 그 문장은 카스티아 왕국의 것과 합쳐진 것이었다.

합스부르크가의 문장

「전쟁은 다른 가문에 맡겨라. 행복한 오스트리아여, 그대는 결혼을 해라」

합스부르크가의 문장

합스부르크가는 혼인을 거듭하며 세력을 확장했고, 그에 따라 문장도 변화를 겪었다

합스부르크 백작 시대부터 사용해 온 문장

금색 바탕에 푸른색 왕관을 쓴 붉은 사자

합스부르크-로트링겐가의 문장

금색 바탕의 붉은색 대각선 띠 위에 정면을 향한 다리 없는 세 마리의 은색 제비

세 개의 문장을 합쳤다

마리아 테레지아가 로트링겐가의 프란츠 슈테판과 결혼하며 가계 통합

로트링겐가의 문장

오스트리아 공작가가 된 후의 문장

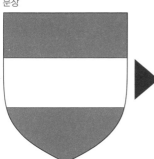

붉은색 바탕에 은색 가로 띠

1477년 막시밀리안 1세가 마리 드 부르고뉴와 혼인해서 가계를 통합한 후의 문장

부르고뉴 영유권을 나타내는 「붉은 테두리에 파란색과 금색 대각선 분할」 문장

마리 드 부르고뉴의 문장

용어해설

● **막시밀리안 1세**→15세기의 신성 로마 황제. 무용이 뛰어난 황제로 독일 용병(란츠크네흐트)을 활용하여, 전쟁에서의 기사 역할을 상실시켰다. 또 문화 예술의 비호자이기도 해서, 그가 창립한 궁정 소년 성가대가 현재 빈 소년 합창단의 전신이 되었다.

메디치 가문

House of Medici

남유럽에서 번영을 자랑한 부호 귀족 메디치가. 그 문장은 단순하지만 가문의 유래를 이야기하고 있다.

●르네상스 시대의 부호 가문

유럽사를 이야기하면서 빼놓을 수 없는 대귀족 가문 중 하나로 메디치가가 있다.

이탈리아 피렌체를 거점으로 은행가와 정치가로 활약한 가문이며, 그 시초는 같은 지역에서의 약재상, 혹은 의료업을 하는 가문이었다고 추정된다. 가문 이름인 메디치는 이탈리아어로 「medico」(의사)의 복수형 medici를 어원으로 하고 있다는 말도 있다.

메디치가 출신자 중에서도 특히 알려진 인물 중 한 명으로 16세기 프랑스의 왕 앙리 2세의 왕비가 된 카트린 드 메데시스가 있다. 그녀는 프랑스 궁정 사회에 독약을 들여갔다고 일컬어지는 인물로, 그녀의 주변에서 일어난 많은 죽음, 특히 정적의 죽음은 그녀에 의한 독살이라는 소문이 돌았다. 그 배경에는 그녀가 독살이 암살 방법으로 정착되어 있는 이탈리아 출신이라는 것, 그리고 무엇보다 메디치가가 의학업을 가업으로 삼았다는 것에 있었다.

초창기의 메디치가는 「열두 개의 붉은 구슬」을 기장으로 사용했다. 이것을 바탕으로 문장을 만들 때, 붉은 구슬이 작은 원이 되고, 개수도 여덟 개, 일곱 개로 점차 줄더니, 최종적으로는 현재 메디치가의 문장으로 알려진 「금색 바탕에 다섯 개의 붉은색 작은 원과 푸른색 작은 원에 세 개의 황금 백합」이라는 디자인이 되었다.

메디치가의 문장에 그려진 붉은색 작은 원은 **사혈**할 때에 피를 뽑아내는 유리구슬, 혹은 붉은색 환약을 의미하고 있다고 한다. 「푸른색 작은 원에 황금 백합」은 피렌체의 비호자였던 15세기 프랑스의 왕 루이 11세가 사용을 허가한 가증문이다.

메디치가는 토스카나 대공인 잔 가스토네 데 메디치 대에서 단절된다. 이후, 토스카나 대공의 지위를 프란츠 슈테판(훗날 신성 로마 황제 프란츠 1세)이 이어받고, 메디치가의 문장은 합스부르크-로트링겐가 사람들의 대문장에 한 귀퉁이를 차지하게 된다.

메디치가의 문장

메디치가의 문장

메디치가는 원래 약재상, 또는 의료업을 경영했다고 하며, 붉은색 작은 원은 사혈할 때에 피를 뽑아내는 유리 구슬, 혹은 붉은색 환약을 의미한다고 한다

초창기 기장
열두 개의 붉은
구슬

붉은 구슬은 작은 원이 되고, 개수도 점점 변해 갔다.

작은 원 여덟 개인
문장

작은 원 일곱 개인
문장

15세기 코시모 데 메디치 시절

작은 원 일곱 개인
문장

「푸른색 작은 원에 황금 백합」은 15세기 프랑스 왕 루이 11세에게서 받은 가증문

작은 원 여섯 개

16세기 토스카나 대공 코시모 1세 시절

최후의 메디치가 문장

메디치가는 토스카나 대공 가문 대에서 단절되며, 문장은 토스카나 대공의 지위를 계승한 합스부르크−로트링겐가의 대문장에 합쳐졌다

로트링겐 ─── 메디치

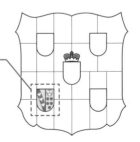

용어해설

● 사혈→「나쁜 피를 빼낸다」는 의미로, 병을 치료하는 의료술. 방법은 거머리로 피를 빨아내는 방법과 칼로 혈관을 째서 피를 흐르게 하는 방법 등이 있다. 오늘날에는 추천하지 않는 의술이다.

자치단체의 문장

Heralds of Governments

과거 토지를 지배하고 있던 권력 기구는 봉건영주들이었다. 오늘날에는 의회소집권이 있는 행정부가 통치의 주체가 되었다.

● 토지의 문장

문장 중에는 토지를 나타내는 것도 존재한다. 이것이 국가라면 국장(國章), 시라면 시장(市章) 등으로 불리는 것이다.

근대적인 통치기구, 즉 의회와 그 결정을 통해 통치 활동을 수행하는 행정기관으로 구성된 자치 행정부가 등장하기 이전의 유럽에서는, 봉건영주 혹은 의회 소집권을 가진 영주귀족이 지방 행정을 담당하였다.

그러한 시대에서 지방의 문장은 영주의 문장을 사용하는 것이 일반적이었다. 이것은 지방의 통치권을 소유한 자의 표시였으며, 그런 점에서「그 문장을 소유한 사람이 토지의 통치권을 가진다」라는 의미가 더해졌다. 그래서 권세를 자랑하는 대귀족의 대문장에는 통치권을 가진 지방의 문장이 여러 개 합쳐진 경우가 많다.

현대의 유럽 대부분의 국가에서는 귀족사회가 폐지되고, 공화제로 이행되고 있다. 그러한 국가들에서도 지방의 상징으로 문장이 사용되고 있다.

시장이나 주장(州章) 등으로 불리는 문장들은 예전에 그 지방을 통치하던 귀족의 문장을 변형하거나 혹은 거의 원형 그대로 사용하고 있는 사례가 적지 않다. 이러한 문장에는 그 지방의 역사가 그대로 담겨 있다고도 할 수 있다.

그러나 사실 공화제로 이행하면서 새로 문장을 제정하는 자치단체 쪽이 대다수이다.

● 일본 자치단체의 기장

문장과 비슷한 역사 문화를 가진 일본에서도 자신의 자치단체를 나타내는 기장을 제정하고 있다. 각 행정구역의 기장에는 자치단체 명의 한자 표기나 히라가나 표기, 가타카나 표기를 바탕으로 한 모노그램 도형도 많다.

국장 · 주장 · 시장

자치단체 또는 지역을 나타내는 기장

예전에는 봉건영주나 영주귀족이 지역의 행정을 담당하였다

지역을 나타내는 기호는 영주들의 문장

→

「그 문장을 소유한 사람이 토지의 통치권을 가진다」라는 의미가 생겼다

공화제 시대가 되자 자치단체가 지역 행정을 담당한다

자치단체는 새로운 문장을 제정

예전 영주들의 문장을 그대로, 혹은 변형해서 사용하는 사례도 있다

일본의 자치단체의 각 행정구역별 기장

홋카이도	아오모리 현	도쿄 도	치바 현	나가노 현
시즈오카 현	오사카 부	카가와 현	미야자키 현	오키나와 현

로마 교황

Herald of Pope

오랜 세월 정통 그리스도 교회로 인정받는 가톨릭의 정점 교황. 그 문장은 구세주에게서 받은 「열쇠」에서 유래했다.

●교황의 문장

유럽 세계의 역사에서 잊어선 안 되는 것은 교회의 존재——즉 그리스도교다. 이 그리스도 교회 중에서도 오랜 세월 정통성을 인정받은 것이 바티칸에 본거지를 두고 교황을 정점으로 받들어 섬기는 **가톨릭 교회**다. 유럽의 권위 있는 기관 · 단체가 문장을 보유하고 있는 것과 마찬가지로 가톨릭 교회의 총본산 바티칸 교황청에도 역시 문장이 있다.

교황청의 문장은 「붉은색 바탕에 성 베드로의 열쇠」 디자인이다.

「성 베드로의 열쇠」는 금과 은 두 개의 열쇠를 교차시킨 차지로, 교황과 교황청의 문장, 바티칸 시국의 국장 · 국기로 사용되고 있는 도안이다. 또 요크와 엑서터 등 잉글랜드의 각 교구의 문장으로도 사용된다.

두 개의 열쇠는 금 열쇠가 천상의 열쇠를, 은 열쇠가 지상의 열쇠를 의미하고 있으며, 가톨릭 교회의 종교적, 정치적 권위를 나타내고 있다.

이것은 초대 교황이라고 판단되는 사도 베드로가 예수에게서 「천국의 열쇠」를 받은 고사(신약성서 「마태 복음」 제16장 19절)에서 유래한다.

교차한 열쇠 도안은 일반적으로 「크로스 키즈(cross keys)」라고 불리지만, 많은 문장학 문헌에서는 「두 개의 열쇠가 만드는 대각선 십자」라고 기술된다. 열쇠 꽂는 부분이 아래쪽(바깥쪽)인 것이 통상적인 형태이며, 위쪽(안쪽)으로 그릴 때에는 「위로 향한 두 개의 열쇠가 만드는 대각선 십자」라고 기록하게 된다.

참고로 2013년 2월까지 교황 자리에 있었던 제 265대 교황 베네딕토 16세의 문장은 「성 베드로의 열쇠를 배경으로 금색 바탕에 프라이징의 무어인 머리, 금색 바탕에 성 코르비니아노의 곰, 붉은색 바탕에 금색 가리비」이다. 무어인은 베네딕토 16세가 사제 서품을 받은 프라이징 교구의 문장, 곰은 프라이징 도시의 문장, 가리비는 그가 박사 과정 논문의 주제로 삼은 **아우구스티누스**를 상징하는 도안이다.

가톨릭 교회의 문장

가톨릭 교회의 문장 도안에는

「성 베드로의 열쇠」 가 사용되고 있다

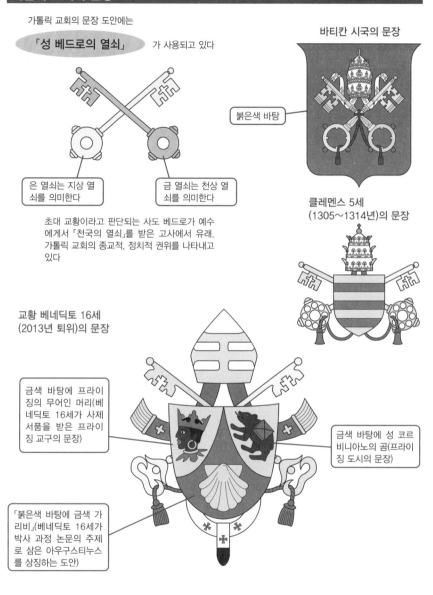

바티칸 시국의 문장

붉은색 바탕

은 열쇠는 지상 열쇠를 의미한다

금 열쇠는 천상 열쇠를 의미한다

초대 교황이라고 판단되는 사도 베드로가 예수에게서 「천국의 열쇠」를 받은 고사에서 유래. 가톨릭 교회의 종교적, 정치적 권위를 나타내고 있다

클레멘스 5세 (1305~1314년)의 문장

교황 베네딕토 16세 (2013년 퇴위)의 문장

금색 바탕에 프라이징의 무어인 머리(베네딕토 16세가 사제 서품을 받은 프라이징 교구의 문장)

금색 바탕에 성 코르비니아노의 곰(프라이징 도시의 문장)

「붉은색 바탕에 금색 가리비」(베네딕토 16세가 박사 과정 논문의 주제로 삼은 아우구스티누스를 상징하는 도안)

용어해설

● **가톨릭 교회**→그 이름은 「보편적」을 뜻하는 그리스어 katholikos(카톨리코스)에서 유래한다. 사도 베드로의 후계자인 교황을 정점으로 하는 그리스도교 최대 종파. 현재 신도 수는 10억 명이 넘는다.
● **아우구스티누스**→4~5세기 그리스도교 신학자. 히포의 아우구스티누스라고도 불린다. 그리스도교의 근간을 이루는 삼위일체론의 기초적 이론을 구축한다.

템플-그렌빌 가문

House of Temple-Grenville

우여곡절 끝에 버킹엄 공작의 지위를 계승한 템플-그렌빌가. 그 문장은 실로 복잡하고 기괴한 모습이었다.

● 버킹엄 공

영국에 존재하는 왕궁 버킹엄의 이름을 사용한 공작위는, 백년전쟁과 장미전쟁에서 군 사령관을 맡으며 에드워드 3세를 보좌했던 15세기의 귀족 험프리 스태퍼드(에드워드 3세의 손자이기도 하다)부터 시작된다.

버킹엄 공은 스태퍼드 가문의 세습 작위였지만, 그 손자 에드워드 스태퍼드가 1521년에 모반 용의로 처형되면서 스태퍼드 가문의 맥은 끊기게 되고, 결국 버킹엄 공은 폐지된다. 하지만 약 100년 후인 1623년, **조지 1세**가 조지 빌리어스를 버킹엄 공작위에 앉히는데, 손자가 없었기 때문에 2대만에 단절하게 된다. 이후, 버킹엄 공의 작위는 셰필드 가문이 버킹엄-노먼비 공으로서, 그 후에는 템플-그렌빌 가문이 버킹엄-샨도스 공으로서 원래 가지고 있던 작위와 합치며 버킹엄 공작위를 계승하게 되지만, 20세기를 앞두고 단절된다.

● 템플-그렌빌가의 719개의 문장

템플-그렌빌가에서 버킹엄 공작의 지위를 상속한 것은 영국 총리 조지 그렌빌의 손자 리처드 템플-그렌빌(정식으로는 리처드 템플-뉴젠트-브리지스-샨도스-그렌빌)이다.

1822년에 공작위를 계승하자, 그 전에 템플 백작 그렌빌가에 가계 통합되었던 뉴젠트 백작가, 샨도스 공작 브리지스가의 문장을 일절 생략하지 않은 형태로 합쳐서 거대한 문장을 만들게 된다. 그 문장에 사용된 문장의 수는 719개로, 이 문장은 쿼터링의 극단적인 사례로 꼽히고 있다.

719개의 쿼터링 문장

버킹엄 공작위의 계승 역사

● 스태퍼드 가문

> 초대 험프리 스태퍼트(15세기)
> 3대만에 단절되며 버킹엄 공도 폐지되었다
> (1521년)

스태퍼드가 제2대
헨리의 문장

● 빌리어스가가 공작위를 계승(1623년)

> 2대만에 단절

빌리어스가가 초대
조지의 문장

● 셰필드가가 계승(버킹엄-노먼비 공)

셰필드가의 문장
(초대 존)

버킹엄 공이 된
에드먼드 셰필드의 문장

> 원래 가지고 있던 작
> 위와 합쳐서 공작위
> 를 계승

● 템플-그렌빌가가 계승(버킹엄-샨도스가)

> 초대는 리처드 템플-그렌빌(영국 총리 조지 그렌
> 빌의 손자) 1822년에 공작위를 계승하자 그 전
> 까지 가계 통합된 모든 문장을 일절 생략하지 않
> 은 형태로 합쳤다. 그 결과 719개의 문장을 쿼터
> 링한 거대한 문장이 되었다.

719!

영국 총리
조지 그렌빌의 문장

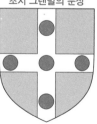

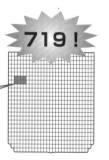

용어해설

● **조지 1세**→하노버 선제후 게오르크 루트비히. 독일인이지만 어머니 조피가 잉글랜드 왕 제임스 1세의 외손녀였기 때문에 잉글랜드의 왕이 된다. 잉글랜드 국내 정치에 그다지 관여하려고 하지 않아서 내각에 의한 정치가 발달. 영국 왕실의 「군림하되 통치하지는 않는다」의 기반을 만들게 되었다.

문장학의 규칙과 예외

문장 세계에는 명확하고 엄격한 규칙이 존재하며, 모든 문장은 그에 따라 작성하고 이용한다.

①문장은 그것을 이용하는 개인과 직결되는 존재이기에 완전히 같은 것을 동시에 여러 사람이 이용할 수 없다.

②문장에 사용되는 색깔은 한정되어 있으며, 그 사용법에도 엄격한 제한이 존재한다.

이 두 가지가 대표적인 사항이라는 것은 이 책에서 기술한 대로이다.

그러나 무슨 일에도 항상 예외는 존재한다.

①은 개인의 혈통과 권리 이익에 관련된 사항이기 때문에 예외는 거의 존재하지 않는다. 같은 문장을 동시에 사용한 것이 발각될 때에는 문장원의 권고 아래 당사자 간의 협의로 어느 한쪽이 문장을 변경해야만 한다.

그러나 ②는 반드시 지켜진 것은 아니었다.

금속 색깔끼리, 또는 원색끼리 맞닿은 형태로 색깔을 배치하는 것은 문장학 색채 규칙에서는 금지하고 있다. 그러나 다른 종류의 색, 다시 말해 금속색과 원색, 원색과 금속색을 배합하면서 「엄밀하게는 규칙 위반이지만 허용되는 문장」이 출현하게 된다.

예를 들어 「푸른색 바탕에 붉은색 원」 문장은 규정 위반이지만,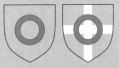
「푸른색 바탕의 은색 십자 위에 붉은색 원」 문장이라면 엄밀히는
규칙 위반이면서도 허용되는 문장으로 취급한 것이다. 이것은 다
른 종류의 색깔과 배합함으로써 문장의 색채 제한 규칙의 근간인
「명시성·식별성을 저해하지 않는 조합으로 한다」라는 점을 해결했기 때문이다.

그러나 이 예외적인 규칙 위반의 용인이 확대 해석되어 가면서, 「푸른색 바탕
에 금색 왕관을 쓴 붉은 사자」처럼 명확하게 규칙 위반을 하고 있음에도 불구하
고, 「차지의 한 부분 색깔이 규칙에 부합하니까 괜찮다」며 억지를 부리는 사례가
점점 증가하게 되었다.

이처럼 규정 위반을 한 문장은 유럽 대륙 여러 국가의 문장에서 흔히 목격되는데, 잉글랜드에는 거의 존재하지 않는다. 잉글랜드에서는 엄격한 규정을 정하고 문장을 관리하는 문장원이 영향을 미치고 있기 때문이다.

또 현대에는 문장을 이용해서 만들어진 상표 중 디자인을 중시하여 문장학상의 색채 규칙을 위반하며 색채 변경을 하는 경우가 적지 않다. 상표는 문장학 규칙에 얽매일 필요는 없지만, 격조를 중시한다면 전통적인 규칙을 존중하는 것도 하나의 사고방식일 것이다.

제3장
문장 도안

도안 조류 총론

Charges : about Birds

오래전부터 새의 모습은 수많은 문장에 사용되었다. 아마도 사람에게 친숙한 동물이자 또 힘과 위엄이 있어서 여러 의미로 표현 가능한 존재였기 때문일 것이다.

●문장 도안으로서의 새

문장 도안으로서 동물은 빈번하게 이용된다.

그중에서도 조류는 로마 제국의 인장으로 독수리가 이용되는 등 빈번하게 사용되었다.

문장 도안으로 자주 사용되는 새, 사랑받는 새는 시대나 나라, 지방에 따라 다양하지만, 그중에서 특별한 설명 없이도 식별할 수 있는 것은 독수리와 매, 백조, 학, 닭, 오리, 공작 등 십 여 종류로 한정되어 있다.

그리고 종류가 특정되지 않은 새, 다시 말해 추상적인 의미의 새 도안도 있으며, 그것은 「문장의 새」라고 불린다.

그보다 더욱 특수한 새를 들자면 「다리가 없는 제비」라는 것이 있다. 말 그대로 다리가 없거나 깃털에 가려서 보이지 않는 제비, 또는 제비와 비슷한 새로, 이 도안은 문장 이외에 사용되는 경우가 거의 없다. 이렇듯 문장 그 자체의 도안으로 사용되는 것이 대부분이지만, 때로는 4남을 나타내는 분가 기호로서도 이용되고 있다.

●특수한 용어

여러 차례 이야기하지만, 한 개의 문장은 동시에 한 사람밖에 이용할 수 없다. 그래서 동일한 문장을 사용하는 우연을 피하기 위해서라도 도안을 변형하게 된다.

새 문장의 경우, 부리나 발톱, 다리, 날개 색깔을 전체 부분과 다르게 하는 방법이 있다. 보통 부리와 발톱 색깔을 바꾸는 것을 「무장」, 날개의 색깔을 바꾸는 경우는 「날개」라고 한다. 거위 같이 부리와 발톱이 날카롭지 않은 새의 경우, 부리는 「부리」, 다리는 「부위」, 또는 「다리」라고 한다. 예를 들어 붉은 날개를 가진 매의 경우, 「팔콘 윙드 굴즈」(falcon winged gules)라고 한다.

조류 도안

새는 문장 도안에 많이 이용된다

독수리, 매, 백조, 학, 닭,
오리, 공작 등

오리

백조

공작

학

「문장의 새」
(Heraldic bird)
종류가 특정되지 않은 추상적인
의미의 새

「다리가 없는 제비」
(Martlet)
다리가 없거나 깃털에 가려서 보
이지 않는 제비, 또는 제비와 비
슷한 새. 문장 이외에는 사용되
는 경우가 거의 없다

4남을 나타내는 분가
기호로서도 이용되고
있다

새 도안에서는 부리와 발톱, 다리, 날개의 색깔을 본체 부분과 다르게 하는 경우도 있다

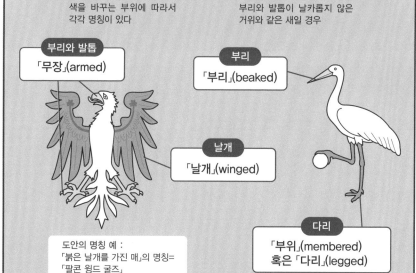

색을 바꾸는 부위에 따라서
각각 명칭이 있다

부리와 발톱이 날카롭지 않은
거위와 같은 새일 경우

부리와 발톱
「무장」(armed)

부리
「부리」(beaked)

날개
「날개」(winged)

도안의 명칭 예 :
「붉은 날개를 가진 매」의 명칭=
「팔콘 윙드 굴즈」

다리
「부위」(membered)
혹은 「다리」(legged)

도안 닭

Charges : Cocks

인류에게 아주 친숙한 조류로 닭이 있다. 이것도 역시 온갖 것이 도안으로 채용되는 문장 세계에서는 친숙한 존재다.

●닭 문장

근대 이전의 사람들에게 조류 중에서도 닭은 가장 친숙한 존재라고 할 수 있다. 그것은 가축으로서, 인간의 식재료로서 가장 익숙한 새이기 때문이다.

당연히 문장의 도안으로서도 닭은 친숙한 존재다.

겁쟁이를 「치킨」이라 부르는 현재 입장에서 본다면 상상하기 어려울지도 모르지만, 닭은 강함 경계심이나 남자다움, 용기를 상징하는 것으로 자주 문장 도안으로 이용되어 왔다.

닭은 문장이 등장한 지 얼마 안 됐을 때에는 별로 없었지만, 중세 말기부터 근대에 걸쳐서 빈번하게 사용된 문장 도안이다.

닭 문장 도안은 주로 세 종류로 나눠진다. 수탉, 암탉, 싸움닭이다. 수탉은 볏과 육수(肉垂)를 가지며, 암탉에게는 그것들이 없고, 싸움닭에게는 육수가 없이 한쪽 다리를 든 자세를 취하고 있는 것이 특징이다.

닭 도안에서 쓰이는 특별한 용어로 「볏」, 「육수」가 있다. 볏은 「크레스티드」(Crested), 「젤로프드」(jellopped)라고도 한다. 닭의 외관상 특징인 볏이나 육수 부분을 본체 색깔과 다르게 할 때 쓰이는 용어다. 둘 다 닭을 원형으로 한 환수인 코카트리스 이외의 다른 새에게는 쓰이지 않는다.

●닭 모습을 한 환수 코카트리스

문장 도안으로 닭을 원형으로 한 환수 코카트리스가 사용되는 경우도 적지 않았다.

그리스도교의 종교 예술에서는 죄의 상징으로 여기는 이 환수를 닭의 머리에 용의 몸통과 꼬리, 거기다 커다란 날개를 가진 모습으로 묘사하고 있다.

닭

닭은 친숙한 문장 도안

닭은 강한 경계심이나 남자다움, 용기를 상징하는 것. 그래서 문장 도안으로 사랑을 받으며 중세 말기부터 근대에 걸쳐서 자주 사용되었다

닭의 일부 부위의 색깔이 본체 부분과 다른 경우도 있다

벼슬
(combed)

육수
(wattled)

환수 코카트리스 문장은 닭 도안이 원형

그리스도교 관점으로는 죄의 상징이라 여겨지는 환수 코카트리스. 닭의 머리에 용의 몸통과 꼬리, 커다란 날개를 가진 모습을 하고 있다

닭 문장 도안은 주로 세 종류

수탉
(dunghill cock)

세 마리의 수탉

암탉
(hen)

싸움닭
(game cock)

도안 맹금류

Charges : Birds of Prey, and Eagles

맹금류는 새 중에서도 인기가 많은 문장 도안이다. 그 당당한 모습은 많은 사람들의 마음을 확 사로잡았다.

● 문장 도안으로서의 맹금

문장 도안으로 사용되는 새의 대부분은 맹금류이다. 맹금이란 조류 중에서도 날카로운 부리와 발톱을 가지며, 다른 동물을 포식하는 새다. 매와 독수리, 올빼미 등이 대표적인 맹금류이다.

이 육식 새들은 당당하고 화려한 이미지와 멋진 외형 때문에 문장 도안으로 사용되는 조류의 기본이 되었다.

특히 옛날부터 왕의 권력, 군사력의 상징으로 사용되었던 독수리 문장 도안은 변화가 풍부해서 변형 목록과 사용 예를 설명하는 데에만 책을 한 권 쓸 수 있을 정도다.

맹금의 도안은 문장뿐만 아니라 대문장의 장식(투구 장식과 서포터 등)으로도 자주 사용된다. 이것은 날개를 편 모습이 웅장하고 화려하기 때문이다.

● 독수리 도안

앞서 말한 것처럼 맹금류 중에서도 독수리 도안에는 특히 수많은 변형이 존재한다.

그중에서도 유명한 것은 날개를 편 독수리 도안이다. 이 도안은 신성 로마 제국의 황제와 오스트리아 황제, 러시아 황제 등의 문장에 이용되었으며, 「스프레드 이글」 (spread eagle)이라고 불린다. 특히 신성 로마 황제의 문장에 사용된 것은 「이글 임페리얼」(eagle imperial)이라고 한다.

쌍두 독수리 문장뿐만 아니라 조류 문장 도안에는 날개를 활짝 편 디자인이 적지 않다. 그러한 포즈를 「디스플레이드」(displayed)라고 한다. 앞서 말한 스프레드 이글 도안도 오히려 이쪽이 일반적이지만, 다른 이름으로 「이글 디스플레이」(eagle displayed)라고 한다.

맹금류

문장 도안으로 사용된 새의 대부분은 맹금류

매, 독수리, 올빼미 등

- 육식 새는 당당하고 화려. 외형이 멋져
  서 조류 도안의 기본
- 투구 장식이나 서포터 등 대문장의 장식
  으로도 자주 사용된다

독수리

매

올빼미

독수리 도안

수많은 변형이 존재한다

날개를 편 쌍두 독수리
「스프레드 이글」 또는 「이글 디
스플레이 위드 투 헤즈」(eagle
displayed with two heads)라
고 한다

신성 로마 제국 황제의 문장
신성 로마 황제의 독수리 문장은
특히 「이글 임페리얼」이라고 한다

날개를 활짝 편 모습을
「디스플레이드」라고 한다

도안 새의 부위

Charges : Parts of Birds

다른 여러 생물에 비해 새는 그저 그 일부만으로도 새라는 것을 알 수가 있다. 문장에서는 그런 특정 부위만을 사용하는 경우가 있다.

● 일부분 도안

문장의 도안으로 새의 모습은 자주 이용되었다. 하지만 그것이 항상 새의 전신상은 아니었다.

생물을 모티브로 삼은 문장 도안 중에서도 새는 그 신체의 일부분만을 가져와서 사용하는 경우가 적지 않다. 새의 머리나 날개, 다리 등의 생김새가 특징적인 것이 그 이유 중 하나일 것이다.

머리 부분이나 다리 부분 단독 도안은「이레이즈드」(erased)라고 한다. 예를 들어 독수리의 머리 도안이라면「이글스 헤드 이레이즈드」(eagle's head erased)가 된다. 글자 그대로 그려져 있는 부분 이외에는 지웠다는 뜻이다.

또 부위에 다른 도안을 합쳐서 하나의 디자인으로 만들었을 때에는「컨조인드」(conjoined)라고 한다.「독수리의 넓적다리에 왼쪽 날개가 붙어 있는 도안」일 경우,「이글스 레그 이레이즈드 앳 더 하이 컨조인드 투 시니스터 윙」(eagle's leg erased at the high conjoined to sinister wing)이 된다.

그 외의 특수한 사례로는 좌우 한 쌍의 날개를 합치고, 날개 끝을 아래로 향하게 한 도안이 있으며「루어」(lure)라고 한다. 단순히 루어라고 부르는 것도 있지만「윙즈 컨조인드 인 루어」(wings conjoined in lure) 등으로 부르는 경우도 있다.

● 매 도안

새, 특히 매의 문장의 고유 변형으로, 방울이나 다리 끈을 매단 것이 있다. 각각「벨드」(belled),「제스드」(jessed)라고 한다.

이것들은 **매사냥**에 사용되는 매에게 매다는 것으로, 거의 매 도안 고유의 변형이 된 이유는 그 때문이다. 다리 끈은 매 사냥꾼이 매사냥용 매의 다리에 묶는 끈인데, 방울이나 고리 같은 식별 도구를 매의 발목에 동여맴으로써,「시치미」와 같은 역할을 했다.

새의 부위

새는 몸의 일부분만 사용되는 경우도 적지 않다

● 머리 부분이나 다리 부분 단독 도안 「이레이즈드」

예 : 독수리의 머리 도안이라면

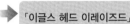 「이글스 헤드 이레이즈드」

한쪽 날개

다리

● 부위에 다른 도안을 합친 도안 「컨조인드」

예 : 독수리의 넓적다리에 왼쪽 날개가 붙어 있는 도안이라면,

 「이글스 레그 이레이즈드 앳 더 하이 컨조인드 투 시니스터 윙」

● 특수한 사례

좌우 한 쌍의 날개를 합쳐서, 날개 끝을 아래로 향하게 한 것 「루어」 또는 「윙즈 컨조인드 인 루어」

● 매 고유의 변형 도안

방울을 단다 「벨드」

다리 끈을 맨다 「제스드」

매사냥할 때 매에 매다는 것이라 거의 매 고유의 변형

용어해설

● 매사냥→매나 보라매를 이용한 사냥법. 중세 유럽에서는 귀족에게만 허가된 사냥법이며, 생업을 위해서라기보다 스포츠로 즐겼다.

도안 동물 총론

Charges : about Beasts

인간에게 동물의 모습은 그림의 대상으로 친숙한 존재다.
문장의 도안으로도 매우 많았으며, 그로 인해 규정도 많았다.

●동물 도안

라스코 동굴이나 **알타미라 동굴의 벽화**와 같이 고고학적 사례에 비추어 생각해보면, 인간의 역사에서 「동물을 그린다」라는 행위는 아주 오래전 시대부터 해왔다고 말할 수 있을 것이다.

당연히 문장의 세계에서도 동물을 도안화한 것은 많다. 이것은 문장 등장 이전의 시대, 아직 개인이나 세력 단체가 식별 무늬로서 도안을 마음대로 사용했던 표장의 시대까지 거슬러 올라갈 수 있다.

기원전 4세기경 그리스에서 제작된 것으로 추정되는 항아리에는 독수리나 사자를 그린 방패를 든 전사들이 싸우는 모습이 그려진 것도 있다.

문장 도안으로 사용되는 동물은 다종다양하다. 유명한 것으로는 사자와 산양, 말, 멧돼지, 곰과 같은 종류다.

사자와 곰은 왕의 문장 도안으로 자주 사용되었다. 사자 문장이 왕권과 관련되어 있다는 것은 현재 잘 알려져 있으며, 곰 문장 역시 오래전 시대 북유럽에서 유래한 왕권의 도안이었다.

●특수한 용어

동물의 문장 도안으로 빈번하게 사용되는 용어에는 그 동물이 취하는 자세에 관한 것이 많다.

걷고 있는 모습은 「패선트」(passant), 서 있는 자세는 「스테이턴트」(statant), 뒷다리로 서 있는 것은 「램펀트」(rampant), 앉아 있는 것은 「시전트」(sejant), 엎드린 자세는 「카우천트」(couchant)라고 한다.

자세에 대해 세세하게 용어가 만들어진 것은 동물 도안이 인기가 많았다는 증거라고 할 수 있다. 세세하게 분류함으로써 중복되는 문장이 출현하는 것을 방지하기 위한 아이디어였던 것이다.

동물 도안

인간은 아주 오래전 시대부터 동물을 그려왔다

원시 시대 동굴 벽화

그리스의 항아리 그림(기원전 4세기)

동물 문장 도안은 다종다양하다

사자, 산양, 말, 멧돼지, 곰 등이 주류

산양

말

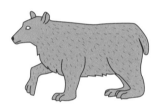

곰은 오래전 시대 북유럽에서
유래한 왕권의 도안

자세를 표현하는 용어

서 있는 자세
「statant」

걷는 자세
「passant」

엎드린 자세
「couchant」

앉아 있는 자세
「sejant」

뒷다리로 서 있는 자세
「rampant」

자세를 자세하는 표현하는 것은 동물 도안이 인기가 많아서 자주 사용됐다는 증거

용어해설

● **알타미라 동굴의 벽화**→스페인 북부 칸타브리아 주에 있는 동굴 벽화. 1만 8천 년 전의 것이라 추정되고 있다. 그려져 있는 것은 들소와 멧돼지, 말 등. 세계 문화유산이다.

도안 사자

Charges : Lions

문장이 탄생해서 지금에 이르기까지 만들어진 사자 문장 수는 방대하다. 그렇기 때문에 사자 도안의 변형 역시 매우 다양하다.

● 도안으로서의 사자

오늘날 통용되는 규칙성을 문장이 획득하기 전부터 사자는 왕권이나 힘의 상징으로 사용되어 왔다. 그 정도로 사자 도안은 동물 중에서도 특히 인기가 많은 도안이었다.

그것은 다시 말해 사용하는 사람이 많다는 의미이며, 중복 가능성이 높은 도안, 문장의 원칙인 「같은 문장을 동시에 사용하는 것은 금지」라는 규정을 어길 수도 있다는 의미이기도 했다.

그 때문에 사자 도안에는 수많은 변형이 존재한다. 그것도 다른 도안에는 찾아볼 수 없을 정도로 엄격한 규칙이 만들어졌고, 철저히 분류되어 있다. 현재에 이르기까지 원칙에서 벗어나는 사자 문장은 거의 존재하지 않는다고 말해도 좋다.

● 분류법

눈앞이 캄캄해질 정도로 방대한 수가 존재하는 사자 도안이지만, 그 분류의 기본 콘셉트는 「자세」와 「얼굴 방향」에 있다.

자세에 대해서는 다른 동물의 도안과 같은 단어를 사용한다.

얼굴 방향 중 앞을 보고 있는 자세에 관해서는 특별히 용어는 없다. 얼굴을 정면으로 돌리고 있는 경우는 「가던트」(guardant), 등 뒤를 보고 있는 경우는 「리가던트」(reguardant)라고 한다.

사자 도안에는 무기를 들고 있는 것이 적지 않으며, 대부분의 경우 그러한 무기에는 어떠한 유래가 있다. 예를 들어 노르웨이 국가의 문장에서 사자가 든 도끼는 11세기 초 노르웨이의 왕 **올라프 2세**에게서 유래한다. 또 핀란드 국장에 있는 사자가 들고 있는 검은 국방(國防)을, 뒷다리로 밟고 있는 검은 러시아를 의미하고 있다.

사자

사자는 동물 도안 중에서도 특히 인기가 많다

⬇

사용하는 사람이 많다

⬇

그 때문에 「같은 문장을 동시에 사용하는 것은 금지」라는 규칙을 위반할 수도 있다

⬇

그래서 여러 변형이 존재하게 되었다

다른 도안에서는 찾아볼 수 없을 정도로 엄격한 규칙과 분류가 존재한다

- -

● 분류의 기본은 「자세」와 「얼굴 방향」

「자세」는 다른 동물 도안과 같은 단어를 사용

「얼굴 방향」

얼굴이 정면을 보고 있다
「가던트」
guardant

얼굴이 뒤를 보고 있다
「리가던트」
reguardant

앞을 보고 있는
것은 특별한 용
어가 없다

● 무기를 들고 있는 도안도 적지 않다

그러한 경우에는 대부분 무기에 어떠한 유래가 있다

예 :

노르웨이 국장
들고 있는 도끼는 11세기
초 노르웨이의 왕 성(聖)
올라프 2세에게서 유래

핀란드 국장
들고 있는 검은 국방을,
뒷다리로 밟고 있는 검은
러시아를 의미한다

용어해설

● 올라프 2세→올라프 하랄드손. 전쟁에서 목숨을 잃고 「노르웨이의 영원한 왕」이라는 칭호를 얻었다. 후에 시성되어 성 올라프가 된다. 성왕(聖王)이라는 별명도 있다.

도안 곰

Charges : Bears

사자와 독수리 문장이 왕의 권위, 권력에 관련된 것과 마찬가지로 북방 민족에게서 유래된 왕권의 상징은 곰의 모습을 하고 있었다.

● 곰의 도안

동물의 문장 도안 중 하나로 곰을 모티브로 한 것이 있다.

우리에게는 별로 알려지지 않았지만, 문장이 등장하기 전부터 곰도 역시 왕의 권위와 강력함을 나타내는 상징으로 이용되었다.

그렇지만 독수리와 사자처럼 로마 제국에서 유래한 것이 아니라, 북유럽이나 **켈트**, 게르만 등 북방 출신 민족에게서 유래한 상징물이었다. 예를 들어 문장은 아니지만, 브리튼 전설의 왕 아서의 이름에는 「곰」이라는 의미가 있다고 한다.

곰의 도안의 대부분은 패선트 자세, 즉 걷고 있는 자세지만, 다른 동물 도안과 마찬가지로 뒷다리로 선 램펀트 자세도 자주 볼 수 있다.

또 다른 동물 문장과 마찬가지로 상반신 부분(데미/demi)이나 다리(갬/gamb)만 그린 도안도 많다.

● 곰과 관련된 용어

문장 도안으로 사용되는 많은 곰 디자인에는 입마개가 씌워져 있다. 이것을 「마즐드」 (muzzled)라고 한다. 오래전부터 유럽에서는 「베어 베이팅」이라는 곰을 괴롭히며 구경하는 놀이가 인기를 얻었는데, 곰의 입마개는 그 영향인 것으로 판단된다.

앞서 「많은 곰 디자인」이라고 말했는데, 실제로는 곰 도안의 대부분에 입마개가 그려져 있기 때문에, 특별히 마즐드가 지정되지 않은 경우는 거의 없었다.

입마개에 사슬이 붙어 있는 것도 있다. 그런 경우에는 「마즐드 앤드 체인드」(muzzled and chained)라고 표기한다.

곰

곰은 문장이 등장하기 전부터 왕의 권위와 강력함을 나타냈다

북유럽이나 켈트, 게르만 등 북방 출신 민족에서 유래되었다

이 자세가
대부분

걷는 자세
「passant」

앉은 자세
「sejant」

서 있는 자세
「rampant(전신)」

상반신만 그린 도
안을 「데미」라고
하지.

상반신만
「rampant」

다리만
「gamb」

●곰 특유의 용어

마즐드

입에 마개가 씌워
져 있는 모습

용어해설
●켈트→과거 중앙아시아와 유럽 전역에 거주했던 민족. 일반적으로 브리튼 섬과 아일랜드 섬 원주민을 가리킨다.

도안 멧돼지

Charages : Boars

근대 이전의 유럽에서 멧돼지는 성찬으로 대접을 받았다. 그 특별함 때문인지 문장 도안으로 사용되는 경우도 있었다.

● 멧돼지 도안

문장에 사용되는 동물 도안 중 하나로 멧돼지가 있다. 영국, 프랑스, 독일보다 스코틀랜드에서 많이 볼 수 있는 도안으로, 프랑스 문장학에서는 「생글리에」(sanglier)라고도 불린다. 이것은 영국 문장학에서도 옛 명칭으로 사용되고 있다.

멧돼지 도안은 기본적으로 「와일드 보어」(wild boar)라고 해석되며, 그려진 모습도 그와 비슷하다. 대부분의 경우, 멧돼지의 꼬리는 둥글게 한 바퀴 말려 있으며, 꼬리 끝을 아래로 늘어뜨린 모습을 하고 있다.

또 멧돼지라고는 하지만 문장학상에서는 「돼지」(pig/hog)도 여기에 포함되며, 디자인의 차이는 없다.

● 멧돼지의 특별한 용어

멧돼지 도안에서 특히 자주 사용되는 용어로 「브리스틀드」(bristled)라는 것이 있다. 이것은 등이나 목 부분에 털이 나 있는, 특히 색이 다른 털이 나 있는 것을 의미한다. 또 발굽 색깔이 다른 것을 「언굴드」(unguled)라고 한다.

새끼 멧돼지를 도안으로 할 때에는 「그라이스」(grice) 또는 「마르카신」(marcassin)이라고 한다. 후자는 주로 프랑스에서 사용되었던 용어인데, 생글리에와 똑같이 영국에서도 옛 명칭으로 사용되었다.

다른 동물 문장 도안에서는 거의 볼 수 없는 변형으로 「보어즈 헤드 이렉트 인 어 디시」(boar's head erect in a dish)나 「보어즈 헤드 이렉트 인 어 컵」(boar's head erect in a cup)이라는 것이 있다. 근대 이전의 유럽에서는 멧돼지가 귀한 음식 대접을 받았다는 점에서 선호하는 디자인이었다.

멧돼지

멧돼지 도안은 기본적으로 「야생 멧돼지」

다만 돼지도 포함해서 디자인의 차이는 없다

멧돼지는 영국, 프랑스, 독일보다 스코틀랜드에서 많이 볼 수 있는 도안

프랑스에서는 「생글리에」(sanglier)라고도 불린다

● 멧돼지의 특별한 용어

새끼 멧돼지 도안은 「그라이스」(grice) 또는 「마르카신」(marcassin)이라고 한다. 외관상 차이는 거의 없다

「브리스틀드」
(bristled)

등이나 목 부분에 털이 나 있는, 특히 다른 색의 털이 나 있는 모양

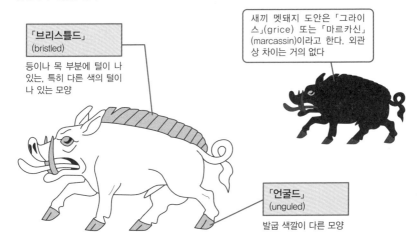

「언굴드」
(unguled)

발굽 색깔이 다른 모양

● 멧돼지 특유의 도안

근대 이전의 유럽에서는 멧돼지가 귀한 음식 대접을 받아서 도안으로 사랑을 받았다.

「접시에 올려진 멧돼지 머리」
(boar's head erect in a dish)

「잔에 세워서 담은 멧돼지 머리」
(boar's head erect in a cup)

도안 소

Charges : Bulls

소는 인류와 오랫동안 함께 해왔다. 오래전 그리스도교 이전에는 신의 동물로, 그리고 가축으로. 문장 도안이 된 것은 지극히 당연하다고 볼 수 있다.

●소 도안

인류가 쉽게 접하는 동물 중 하나가 바로 소다.

고기와 우유의 공급원, 즉 식용 가축으로서, 그리고 농경의 노동력으로서, 인류의 친숙한 존재로서 쭉 함께한 이 동물도 역시 문장 도안으로 채용되었다. 하지만 과거 문장감에서는 거의 찾아볼 수 없는 도안이었다.

소 문장의 대부분을 차지하는 것은 수소(bull)며, 암소(cow)와 송아지(calf)는 비교적 적었다. 또 영국에서는 수소의 도안으로 버팔로가 사용되는 경우가 매우 드물게 있었다.

도안 중에는 정면을 바라보는 디자인이 사용되는 경우가 다른 동물의 도안보다 더 많았다.

●소의 변형

소 도안의 변형으로 유명한 것은 등에 날개를 달고 머리 위에 빛의 고리(circle of glory)를 가진 수소다.

이 수소는 신약성서 중 『누가 복음서』와 『사도행전』의 저자로 알려진 **성 누가**의 심볼이었다. 「날개 달린 수소」(winged bull)라고 불리며, 성 누가를 소재로 한 회화 등에 함께 그려지기도 했다.

또 암시 문장으로 소의 도안이 사용되는 경우도 있었다. 옥스퍼드와 같이 이름에 ox가 붙는 영국의 마을에서는 소 도안을 문장으로 채용하는 경우가 많았다.

대부분의 경우 소의 도안에는 목걸이가 채워져 있거나(칼라드/collared), 방울이 달려 있거나(벨드/belled) 한다. 또한 수소라 하더라도 뿔이 없는 것이 있으며, 그런 때에는 잘못해서 당나귀로 그려지는 경우도 있었다.

소

소는 과거 문장감에서는 거의 찾아볼 수 없다

대부분은 수소. 암소나 송아지는 적다

영국에서는 수소로 버팔로가 극히 드물게 그려졌다

수소

암소

수소의 머리

**성 누가의 심볼
「날개 달린 수소」
(winged bull)**
등에 날개를 달고 머리 위에 빛의
고리(circle of glory)를 가진 수소

성 누가는 신약성서 중 「누가 복음서」와 「사도행전」
의 저자이다. 이 심볼은 성 누가를 소재로 한 회화
등에 함께 그려지기도 한다

목걸이를 채운 도안

방울을 매단 도안

또한 수소인데도 뿔이 없는 것이 있다

옥스퍼드 시 문장
Oxford의 스펠링에 수소(ox)
라는 단어가 있는 것에서 고
안된 「암시 문장」

용어해설

● **성 누가**→「신약성서」 중 복음서 기술자. 「누가 복음서」와 「사도행전」을 기록했다고 전해진다. 의사의 수호성인.

도안 개와 고양이

Charges : Cars and Dogs

인류가 가장 오랜 세월을 함께 보내고, 애정을 가지고 대한 동물은 개와 고양이 말고는 없을 것이다. 당연히 그것들도 문장이 되었다.

●인류의 친구

인류가 걸어온 기나긴 역사 속에서 가장 가까운 곳에 있던 동물은 개와 고양이다. 사냥할 때 함께하는 동료나 해로운 짐승을 내쫓는 파수꾼으로서, 또는 애완동물로서 사람과 함께 살아왔고, 현재는 가족의 일원으로 인식되고 있다.

문장 세계에서도 역시 개의 도안을 사용하는 문장이 여럿 존재한다.

개 문장의 대부분은 사냥개(hound)를 모티브로 한 것으로, 단순히 「개의 문장」이라고 하는 경우는 이것을 가리킨다.

그중에서도 탤벗(폭스하운드의 일종)과 그레이하운드와 같은 견종을 모델로 한 것이 특히 많다. 또한, 결코 많다고는 할 수 없지만 불도그나 블러드하운드를 채용한 문장도 있다.

●고양이

마찬가지로 인류의 친구로서 인식되고 있는 고양이도 문장의 모티브로 사용되고 있지만, 개에 비해 그 사례는 적다. 고양이 도안을 이용한 것으로 대표적인 사례는 영국의 카툰 가문의 문장으로, 그 이외에는 그렇게 많지 않다. 고양이를 도안으로 쓰는 가문의 대다수는 cat이라는 글자가 들어 있는 등 고양이를 연상시키는 가문 명이며, 이른바 재치 문장으로서 고양이 도안을 채용하였다.

고양이 문장에 사용된 것은 캣 어 마운틴(cat-a-mountain) 내지는 마운틴 캣(mountain-cat), 혹은 조금 더 알기 쉽게 와일드 캣(wild-cat)이라고 불리는 고양이다. 흔히 말하는 살쾡이로, 다른 종의 고양이가 사용되는 경우는 거의 없다.

고양이의 자세는 대부분 보행 자세로 그려진다. 또 프랑스 문장학에서는 고양이가 경계 자세를 취하고 있는 것을 특히 「에파루시」(effarouché)라고 한다.

개와 고양이

인류의 친구라고 할 수 있는 개의 도안은 문장 안에도 많다

개의 문장인 경우는 사냥개(hound)를 뜻한다

탤벗
(폭스하운드의 일종)

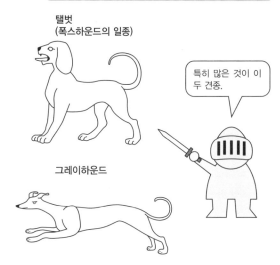

특히 많은 것이 이 두 견종.

불도그

그레이하운드

블러드하운드

고양이는 개에 비해 문장 도안이 적다

고양이 문장에 사용되는 것은 살쾡이. 대부분의 문장은 보행 자세

Cautes metuit fovean lupus

고양이의 경계 자세
고양이의 경계 자세. 프랑스 문장학에서 특히 「에파루시」라고 한다(영어로는 패선트 가던트)

영국 카툰 가문의 문장
가문 명에 cat이라는 글자가 들어 있는 경우가 많다

도안 곤충 총론

Charges : about Incects

> 사람이 사는 마을이 콘크리트와 아스팔트로 뒤덮이기 이전의 세계에서 곤충은 사람의 생활공간 가까이에서 살아가는 존재였다.

●곤충 문장

지구상에 존재하는 생물의 대부분은 균류와 곤충이라고 일컬어진다.

곤충은 다종다양한 생태를 가지며 대체로 생각이 미치는 범위의 장소에서 서식하고, 그중에는 마치 지구 밖에서 온 듯한 희한한 형태를 한 것까지 있다.

세상의 온갖 것을 도안으로 사용하는 문장 세계에서도 역시 그런 다양한 곤충의 모습이 담겨 있는 것을 찾아볼 수 있다.

그렇지만 문장의 도안으로 사용한 곤충이 많다고는 말하기 힘들다.

가장 빈번하게 사용되고, 가장 잘 알려진 문장 속 곤충은 나폴레옹의 대문장 장식으로 사용된 것으로 유명한 벌(bee)이며, 사슴벌레(stag-beetle)와 쇠가죽파리(gad-fly), 나비(butterfly), 개미(ant)와 같은 벌레가 채용된 경우도 있었다. 또 드물게 메뚜기(grasshopper/locust)가, 극히 드물게 거미(spider)가 문장 디자인으로 사용되었다.

●곤충 문장의 특징

곤충 문장의 대부분은, 날개를 편 곤충을 바로 위에서 본 자세가 도안으로 쓰이고 있다. 이것을 「비행 자세」(volant)라고 한다.

비행 자세를 취하지 않은 곤충 도안이어도 대부분은 위에서 본 디자인, 즉 곤충 표본같이 그려진다. 그 이유는 역시 위에서 보는 시점이 곤충의 특징을 파악하기 쉽기 때문일 것이다.

하지만 예외인 곤충이 있다. 그것은 메뚜기와 귀뚜라미(cricket)이다. 두 곤충은 거의 똑같은 디자인이며, 동물 문장에서는 일반적인 서 있는 자세로 그려지는 경우가 많다. 디자인화할 때 위에서 본 모습이면 다른 곤충과 혼동하기 쉽고, 문장감 등에 틀리게 기재되는 경우가 많았기 때문이리라 생각된다.

곤충 도안

도안으로 사용되는 곤충의 종류는 그렇게 많지 않다

벌

개미

나비

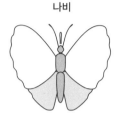

가장 많이 사용되는 곤충 도안. 나폴레옹의 대문장에도 사용되었다

곤충 문장의 특징

대부분이 바로 위에서 본 모습

「비행 자세」(volant)
날개를 편 모습을 바로 위에서 본 자세가 많다

사슴벌레

쇠가죽파리

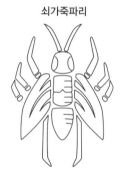

메뚜기

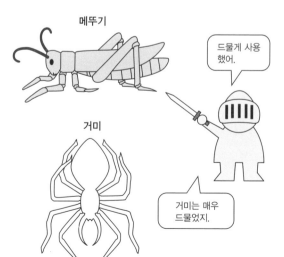

거미

드물게 사용했어.

거미는 매우 드물었지.

메뚜기와 귀뚜라미는 예외적으로 서 있는 자세로 그려지는 경우도 있다

도안 벌

Charges : Bees

여왕 아래 통솔된 생태를 가진 벌은 유럽에서는 근면의 상징이며 문장 도안으로 즐겨 이용되었다.

●벌

문장으로 사용되는 곤충 도안으로 가장 빈번하게 이용되는 것이 벌이다.

그 이유는 벌이 사람에게 가까운 곳에 있던 곤충이었기 때문이다. 인류에게는 메소포타미아 문명 시절부터 양봉을 하며 벌들이 만드는 꿀을 얻어 왔던 역사가 있다.

또 유럽에서는 꿀벌이 근면의 상징으로 여겨졌던 점도, 곤충 중에서 꿀벌이 특히 즐겨 사용되었던 이유 중 하나라고 할 수 있다.

벌 문장에 사용되는 것은 꿀벌로, 매우 드물게 말벌(hornet)도 채용된다. 그러나 디자인상의 차이는 특별히 없다.

벌 도안은 항상 날개를 펴고 나는 모습으로 그려지며, 다른 변형은 거의 없다고 해도 과언이 아니다.

●벌집

위에서 벌 문장에는 디자인 변형이 없다고 했는데, 예외적인 것이 하나 있다. 그것이 바로 「벌집」(beehive)이다. 정확히는 벌 도안을 변형했다기보다 관계가 깊은 다른 도안이라고 보는 것이 옳을지도 모른다.

벌집 도안의 대부분은 범종 모양, 또는 서양의 종 모양의 벌집 디자인을 하고 있으며, 주위에는 벌 여러 마리가 날아다닌다. 이것을 「포위된 벌집」(beehive beset), 또는 「벌에게 밀집 포위된 벌집」(beehive, beset with bees diversely volant)이라고 표현한다. 그러나 벌집 주위를 벌이 날고 있는 것이 일반적이기 때문에 beehive만으로 표기되는 경우도 적지 않았다.

벌

벌은 곤충 중에서도 가장 많이 사용되는 문장 도안

인간과 가까운 곤충

옛날부터 양봉을 하며 꿀도 이용했다

유럽에서 꿀벌은 근면의 상징

꿀벌이 많이 사용되며, 매우 드물게 「말벌」도 있다. 단 디자인상의 차이는 특별히 없다

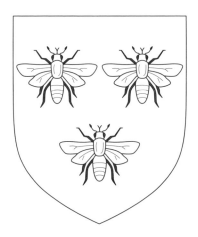

항상 날개를 펴고 나는 모습으로 그려진다

「벌집」

범종 모양의 벌집 주위를 벌 여러 마리가 날아다니고 있다

도안 나비

Charges : Butterflies and Harvest-flies

하늘에서 우아하게 춤추며 색채가 선명한 날개를 가진 나비는 벌과 나란히 문장 도안으로 선호하는 곤충이었다.

● 우아한 곤충 문장

곤충 중에서도 나비는 그 다채로운 날개 무늬, 우아한 모양새로 인해 브로치와 같은 장식품의 모티브로서 인기가 높다.

문장 세계에서도 나비의 모습이 이용되었으며, 다른 여러 곤충과 마찬가지로 비행 자세로 그렸다. 하지만 나비의 특징인 날개 무늬를 종마다 구별해서 그리지 않고 어디까지나 추상화된 「나비의 모습」을 그리는 것이 통례였다.

그리스 신화에서 유래한 신비학 사상에서 나비는 영혼을 상징하는 곤충이었으며(그리스의 **요정 프시케**는 나비 날개를 가지고 있었다고 한다), 그러한 점으로 인해 유럽 세계에서는 나비와 천국을 관련지어 생각했다. 또한 영혼의 불멸과 해방을 의미한다고도 생각했다. 그래서 문장 도안으로 채용된 경우가 많았던 모양이다.

● 나비 문장

나비 도안과 비슷한 것으로 매미(harvest-fly)가 있다.

두말할 필요도 없이 실제 나비와 매미의 모습은 전혀 닮지 않았다. 그러나 문장에서 보여지는 매미는 실제 매미의 모습과 동떨어진 모습이며, 실물 매미보다 나비와 더 비슷하다. 그렇기 때문에 미리 알지 않으면 매미 문장인 사실을 알아채기란 어렵고, 나비 도안의 변형 중 하나라고 착각하기도 쉽다.

나비와 매미 문장을 분간하고자 할 때 눈여겨봐야 할 점은, 나비는 커다란 날개 두 장과 작은 날개 두 장, 총 네 장인 것에 비해, 매미 문장은 커다란 날개 두 장밖에 없다는 점이다.

또 대부분의 나비 문장에는 다리를 그리지 않지만 매미는 다리 네 개를 그린다.

나비와 매미

나비는 추상화된 모습으로 그려진다

날개 무늬를 구별해서 그리지 않는다

• 나비는 영혼(프시케)을 상징한다고 여기며 천국과 관련지었다
• 그러한 인식으로 인해 영혼의 불멸과 해방의 의미가 있다고 생각하였다

그래서 문장 도안으로 채용된 것이라 볼 수 있다

> 그리스의 요정 프시케는 나비 날개를 가지고 있었다고 하지.

나비와 비슷하지만 매미

실제 나비와 매미의 모습은 전혀 닮지 않았지만, 나비와 비슷한 모습으로 그려졌다

> 실제 매미는 이런 느낌. 근데 저렇게 변했지.

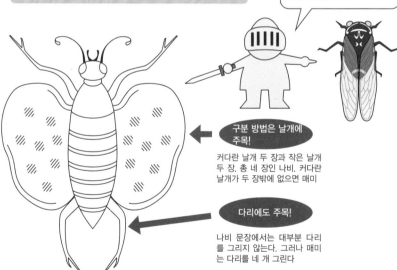

구분 방법은 날개에 주목!

커다란 날개 두 장과 작은 날개 두 장. 총 네 장인 나비. 커다란 날개가 두 장밖에 없으면 매미

다리에도 주목!

나비 문장에서는 대부분 다리를 그리지 않는다. 그러나 매미는 다리를 네 개 그린다

용어해설

● **요정 프시케**→원래는 어느 나라의 왕녀였지만, 사랑의 신 큐피드의 장난으로 인해 결국 큐피드와 서로 사랑하는 사이가 되었다. 인간과 신의 사랑에 괴로워하지만 결국 신들의 술 넥타르를 마심으로써 신의 일원이 되며 큐피드와 함께하게 된다.

도안 그 외의 곤충

Charges : Stag-beetle and Scorpion

커다란 집게를 가지고 있으며, 단단한 갑각에 감싸여 위풍당당한 모습을 과시하는 곤충 사슴벌레는 갑충으로는 몇 안 되는 문장 속 벌레다.

●갑충 문장

남자 아이들에게 인기가 있는 곤충이라면 제일 먼저 갑충류, 투구벌레와 사슴벌레를 들 수 있다.

문장의 세계에서도 이 벌레들이 전부 채용됐다……고 말하고 싶지만, 문장 도안으로 채용된 것은 사슴벌레다.

투구벌레나 풍뎅이와 같이 사슴벌레보다 흔한 갑충류가 거의 사용되지 않은 이유는 추상적으로 그림을 그릴 때에 다른 여러 벌레와 구별이 쉽지 않다는 결점이 있기 때문일지도 모른다.

그러나 사슴벌레에게는 커다란 집게(턱:stag)라는 착각할 수가 없는 특징이 있다. 그것이 사슴벌레가 이용된 이유 중 하나이지 않을까 싶다. 물론 커다란 집게의 공격적인 모양 때문인 점도 크다.

사슴벌레 문장의 대부분은 여러 곤충 문장과는 달리 비행 자세가 아닌 날개를 접고 있는 모습으로 그려졌다.

참고로 사슴벌레 도안을 이용한 문장의 소유주로서 유명한 사람은 비틀즈 노래 대부분을 프로듀싱해서 흔히 「다섯 번째 비틀즈」라고 불리는 영국의 음악 프로듀서 조지 마틴이다.

●전갈 문장

공격적인 자세를 가진 곤충이라면 커다란 집게와 커다란 침을 가진 전갈도 있다. 생물학적으로 곤충은 아니지만, 동서양을 막론하고 예로부터 전갈은 곤충으로 분류되었다.

대부분은 경우, 전갈 도안은 머리를 위로 향한 직립 자세이거나 반대로 머리를 아래로 향한 물구나무 자세(reversed)로 그린다.

그 외의 곤충

갑충으로 사용된 것은 사슴벌레

갑충류에서도 투구벌레나 풍뎅이는 거의 사용되지 않는다. 구별하기 어려워서?

사슴벌레라면 커다란 집게(턱:stag)로 구별하기 쉽고, 공격적인 커다란 집게도 매력적이다

「다섯 번째 비틀즈」라고 불리는 현대 음악 프로듀서 조지 마틴의 문장

전갈

생물학적으로는 곤충이 아니지만 예로부터 곤충으로 분류되었다

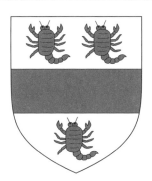

대부분은 직립 자세이거나 물구나무 자세로 그렸어.

도안 어류 총론

Charges : about Fishes

인류는 오래전부터 어류와 함께 생활해 왔다. 식재료로, 때로는 장식품의 재료로, 그리고 문장의 도안으로 도입하기도 했다.

● 바다의 생물

바다는 지구 생명의 근원, 생명의 어머니——진화론의 세계에서 바다는 그런 경칭으로 불린다.

또 많은 민족이 바다와 밀접한 관계를 맺으며 역사를 걸어왔다. 식재료가 되는 동식물의 생산지로서, 물품의 운송로로서, 그리고 건너편에서 적이 몰려드는 영역으로서, 또 머나먼 땅을 향한 원정로로서.

문장 세계에서도 바다에서 유래하는 생물을 모티브로 한 도안은 많다.

예를 들어 물고기에서는 대구(haddock)나 청어(herring), 강꼬치고기(pike), 그리고 돌고래(dolphin)가 대표적인 존재다. 물고기가 아닌 것 중에는 가리비(escallop)도 자주 사용된다.

● 물고기에 관한 용어

물고기 문장에 사용하는 특별한 용어가 몇 가지 존재한다.

수많은 물고기 문장은 헤엄치고 있는 모습으로 그려지며, 이것은 「유영 자세」(naiant)라고 불린다. 머리를 위로 두고 세로로 그려진 것은 「직립 자세」(hauriant), 반대로 머리를 아래에 두고 세로로 그려진 것을 「역립 자세」(urinant) 또는 「다이빙 자세」(diving)라고 호칭한다. 또 두 마리의 물고기가 배를 맞대고 있는 자세는 「경례 자세」(respecting), 등을 맞대고 있는 것은 「배반 자세」(addorsed/endorsed)라고 불리고 있다.

그 외에 여러 마리의 생선을 교차시킨 「교차 상태」(interchengeably-posed)나 「엮은 상태」(fretted)와 같은 도안도 있다.

물고기 입을 벌린 상태를 「폼」(paume)이라고 한다. 프랑스어로 손바닥을 뜻하는 이 단어는 문장학 세계에서는 「입을 벌린 상태의 물고기」를 뜻하는 단어로 취급되고 있다.

물고기 도안

바다에 사는 생물을 사용한 도판(図版)도 많다

돌고래
문장학에서는 포유류인
돌고래도 어류

- -

● 물고기에 관한 용어

물고기 문장에 사용하는 특별한 용어가 몇 가지 존재한다

헤엄치고 있는 모습
「유영 자세」

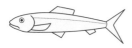

등을 맞대고 있는 것
「배반 자세」

여러 마리의 생선을
교차시킨 것
「교차 상태」

머리를 위로 두고
세로로 그려진 것
「직립 자세」

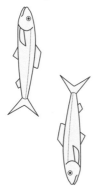

두 마리의 물고기가
배를 맞대고 있는 자세
「경례 자세」

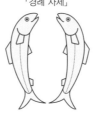

「엮은 상태」

반대로 머리를 아래에 두고
세로로 그려진 것
「역립 자세」/「다이빙 자세」

물고기가 입을 벌리고 있는
상태인「폼」은 프랑스어로
손바닥을 뜻한다

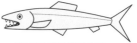

도안 물고기

Charges : Fishes

육지에 짐승, 하늘에 새가 있듯이 바다에는 물고기가 있다. 물에서 나는 생물의 대표 주자인 물고기도 역시 문장 도안으로 자주 사용되었다.

●물고기 문장

옛날부터 사람은 물고기와 접하며 살아왔다.

유럽 각지에는 물고기에 얽힌 민화가 전해지며, 또 생선으로 만든 전통적인 요리는 셀 수 없이 많다. 그들을 「수렵민족」이라고 부르는 점에서도 짐작할 수 있듯이 유럽인은 소와 돼지 등 가축의 고기를 일상적으로 먹으며 살아왔을 것으로 보이겠지만, 지방에 따라 다르더라도 안정적으로 고기를 얻을 수 있게 된 것은 근대에 들어선 후의 일이다. 오히려 물고기를 먹을 기회가 더 많았다고 볼 수 있다.

또 물고기는 십자가와 함께 그리스도의 상징이기도 했다. 로마 제국 시대, 박해를 받은 그리스도교 신자들은 가슴에 물고기 기장을 그리고 동료끼리 신호로 삼았다고 한다.

이러한 이유로 문장에서도 물고기 도안을 사용하는 경우가 많았다. 대구와 청어, 강꼬치고기, 뱀장어와 같은 것이 일반적으로 사용하는 물고기 도안이다. 또 간혹 연어도 사용했지만, 디자인적으로는 청어와 거의 같다.

●돌고래 문장

물고기 문장에는 돌고래 도안도 포함되어 있다. 동물학적으로는 포유류로 분류되는 생물이기는 하지만 오래전 시대부터 이어진 박물학적인 분류법을 채용한 문장 세계에서는 돌고래나 고래 같이 바다를 헤엄치는 물고기와 비슷한 모습을 한 동물은 물고기의 일종으로 판단했다.

그뿐만이 아니라 예전부터 돌고래는 「물고기 문장」을 대표하는 존재였으며, 짐승으로 치면 사자, 새로 치면 독수리에 해당하는 지위에 있었다.

당연히 돌고래와 고래의 일반적인 도안 자세나 변형은 물고기의 기준에 따르고 있다.

문장에는 물고기 도안이 많다

오래전부터 사람은 생선을 먹으며 살아왔다. 물고기는 십자가와 함께 그리스도의 상징이기도 했다

로마 제국의 시대에 박해를 당한 그리스도교 신자들은 가슴에 물고기 기장을 그리고 동료끼리 신호로 삼았다

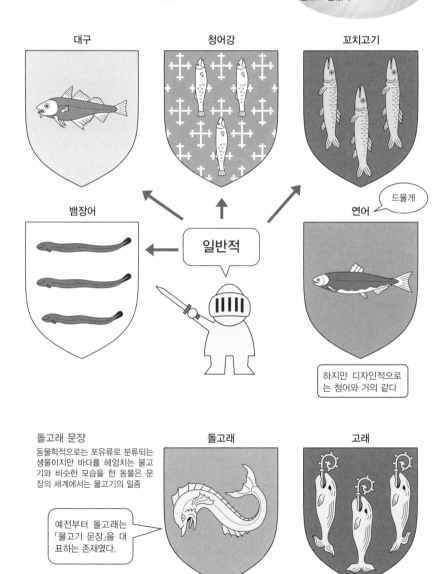

대구

청어강

꼬치고기

뱀장어

일반적

연어

드물게

하지만 디자인적으로는 청어와 거의 같다

돌고래 문장
동물학적으로는 포유류로 분류되는 생물이지만 바다를 헤엄치는 물고기와 비슷한 모습을 한 동물은 문장의 세계에서는 물고기의 일종

예전부터 돌고래는 「물고기 문장」을 대표하는 존재였다.

돌고래

고래

도안 조개

Charges : Shells

바다 밑바닥에 보물 상자처럼 자리 잡고 있는 조개. 세상에는 여러 모양의 조개가 존재하지만, 문장에 쓰이는 조개의 대표 격은 가리비이다.

● 조개 문장

바다에 사는 생물의 대표는 어류이지만, 깊고 넓은 망망대해에 살고 있는 것은 그 것뿐만이 아니다.

어류를 제외하고 사람이 빈번하게 접촉한 해양 생물이라고 한다면 패류다.

조개는 식재료로 취급된 것은 물론, 장식품으로도 빈번하게 이용되었다. 만화적인 표현이지만, 「조개껍데기를 수영복 삼아 입은 인어공주」의 모습을 바로 떠올릴 수 있다.

존재하는 수많은 패류 중에서도 문장의 도안으로 특히 빈번하게 사용되는 것은 가리비이다.

유럽에서는 풍요로움의 상징으로 여신 비너스와 관련짓고 있으며, 그 때문에 회화나 조각상 등에서는 가리비가 비너스와 함께 그려진다. 보티첼리의 『비너스의 탄생』에서는 비너스의 발판이 된 것으로 유명하다.

그리스도 교회에서는 **성 야고보**(예수의 사도 중 한 명, 대 야고보)의 상징이라 여겼고, 야고보의 무덤이 있는 성지 스페인의 산티아고 데 콤포스텔라로 향하는 순례자는 가리비를 몸에 지녔다. 이러한 이유로 프랑스에서는 「성 야고보의 조개」(Coquille saint-Jacques)라는 별명으로 불렸다.

가리비는 조개껍데기와 이음새 부분이 크고, 부채꼴 모양으로 선이 뻗어 있어서 시각적으로 알아보기 쉽기 때문에 문장 도안으로 즐겨 사용되었다.

문장에서는 이음새 부분을 위로 하고, 조개껍데기 바깥쪽을 보이게 그리는 것이 통례이지만, 프랑스 문장 중에는 조개껍데기 안쪽을 보이는 형태로 그려진 것도 있다. 그러한 문장은 바네(Vannet)라고 하는데, 간혹 탈곡 도구인 키 도안과 착각하는 경우도 있었다.

조개

패류 중에서 문장 도안으로 많이 사용되는 것은 가리비

회화에서도 볼 수 있듯이 가리비(escallop)는 여신 비너스와 관련되어 있다

보티첼리의 작품 「비너스의 탄생」에서 가리비 위의 비너스

성 야고보와 관련된 성지, 스페인 산티아고 데 콤포스텔라로 향하는 순례자는 가리비를 몸에 지녔다

가리비는 성 야고보의 상징

이음새 부분을 위로 하고 바깥쪽을 보이는 형태가 통례

프랑스에서는 「성 야고보의 조개」(Coquille saint-Jacques)라고 불렀다

조개껍데기 안쪽을 보이는 형태

바네라고 한다

비슷하기 때문에 키 도안과 착각하는 경우도 있지.

키(탈곡 도구)

용어해설
● **성 야고보**→예수 그리스도의 열두 사도 중 한 명으로, 요한의 형제. 이름이 같은 사도와 구별하기 위해 대 야고보라고도 불린다.

도안 식물 총론

Charges : about Plants

옛날부터 인간은 식물과 함께하며, 갖가지 형태로 그것을 이용해 왔다. 문장이라고 예외는 아니다.

●식물 문장

인류는 공동체 규모가 일정 이상에 달했을 때, 식재료의 주공급원을 수렵과 채집에서 농경으로 옮겼다. 또 삼이나 목화 등은 인간의 생활에는 없어선 안 되는 수많은 물품의 원재료가 되었다.

사람은 밭을 일구지 않고 문명적 생활을 유지할 수 없다. 즉, 식물과의 관계를 끊을 수 없다는 말이다.

그리고 식물은 다양한 형태를 지니고 있다. 꽃은 물론 풀과 나무 등도 각각 특징적인 자태를 지녔으며, 모든 문화권에서 장식 무늬나 도안으로 활용되었다.

그리고 유럽 장식 문화의 한 축을 담당하는 문장 세계에서도 그것은 마찬가지였다.

문장에 사용된 식물 중에서 대표적인 것은 누가 뭐라고 해도 백합(Fleur-de-lis)과 장미(rose)다. 두 꽃 모두 화려한 꽃이며, 모든 사람이 알고 있는 식물이다. 또 토끼풀(trefoil)나 튤립(tulip), 수선화(narcissus)와 같은 꽃이 이용된 예도 있다.

그리고 나무 도안이 문장에 이용된 경우도 있다. 나무 그 자체는 꽃에 비해 특징을 찾기 어려운 식물이지만, 그래도 사과(apple)나 삼나무(cedar), 근대에 들어와서는 단풍나무(maple) 등의 나무가, 혹은 그 나무에 달려 있는 잎이나 열매 같이 특징적인 부분이 문장의 모티브로 사용되었다.

또한 식물의 일종으로 수확물을 사용하는 경우도 있었다. 그 대표적인 것은 밀짚이다. 유럽에서 재배되는 주 곡물인 밀과 보리 이삭(wheat)과 호밀 이삭(rye)이 도안으로 이용되었다.

이처럼 문장에서 이용하는 식물은 동물과 조류, 어류 등과 견줄 만큼 종류가 다양하다.

식물의 도안

다양한 형태를 지닌 식물은 문장으로도 많이 이용되었다

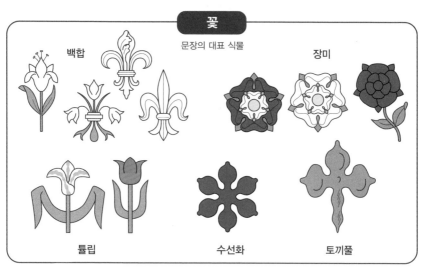

꽃

문장의 대표 식물

백합

장미

튤립

수선화

토끼풀

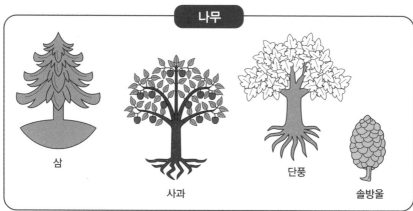

나무

삼

사과

단풍

솔방울

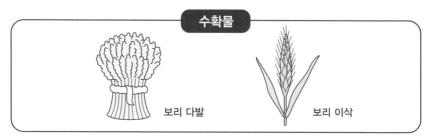

수확물

보리 다발

보리 이삭

도안 꽃

Charges : Flowers

기하학적인 도안으로 변형되기 쉬운 식물의 꽃과 꽃잎은 식물 문장에서 특이 많이 사용되었다.

● 화려한 문장

식물 중에서 가장 눈길을 사로잡는 것은 꽃일 것이다. 아름답고 선연하게 물들었으며, 다양한 모양새를 한 꽃이야말로 화사함의 극치다.

그 화려함으로 인해 꽃은 액세서리의 디자인이나 각종 무늬로 여러 장식에 이용되었다. 그리고 문장도 역시 예외는 아니었다.

문장에 이용된 꽃 중 대표적인 것은 장미와 백합이며, 토끼풀과 튤립, 수선화도 자주 이용되었다.

이 꽃들은 아름답고 윤기가 있으며, 가련한 데다 자태가 화려한 꽃으로 알려져 있다. 또 모양도 특징적이어서 다른 여러 꽃들과 구별하기 쉬웠다는 점도 이 꽃들이 문장으로 활용된 이유 중 하나일 것이다. 기본적으로 하나의 도안을 단색으로 그리는 문장에서는, 세밀하게 채색을 달리하여 특색을 표현할 수가 없다.

● 장미 문장

문장으로 사용되는 장미에는 크게 두 종류의 것이 있다.

하나는 자연계 장미(natural rose)를 모델로 한 것으로, 반드시 줄기(stalked)와 잎(leaved)을 함께 그린다. 이것을 「로즈 슬립드 앤드 리브드」(rose slipped and leaved)라고 한다. 또 장미가 붉을 때에는 굴즈, 즉 붉은색이 아니라 자연의 모습(proper)이라고 표현한다는 규정이 있다.

또 하나는 흔히 문장 장미(heraldic rose)라고 불리는 것으로, 플랜태저넷 왕가의 방류인 랭커스터 가문과 요크 가문 사이에 일어난 **장미전쟁**에서 유래된 문장이다. 랭커스터가의 붉은 장미(red rose)와 요크가의 흰 장미(white rose), 그리고 전쟁 후에 두 가문이 하나가 되고 튜더 왕조가 일어난 뒤에 생긴 왕가의 장미(union rose/tudor rose), 이렇게 세 종류가 있다.

꽃

꽃 도안은 형태가 특징적이고 색채도 표시하기 쉽다

장미

백합

튤립

수선화

문장 속에서 장미는 크게 두 종류

① 자연계 장미를 모델로 한 것

- 반드시 줄기(stalked)와 잎(leaved)을 함께 그린다(rose slipped and leaved)
- 장미가 붉을 때에는 굴즈(붉은색)가 아니라 프로퍼(자연의 모습)라고 표현하는 것이 규정

② 「문장 장미」라고 불리는 것

장미전쟁에서 유래한다

랭커스터가의 붉은 장미

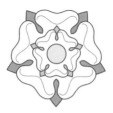

요크가의 흰 장미

전쟁이 끝나자 승리한 쪽이 두 장미를 합쳐서 하나의 홍백 장미로 사용하게 되었다

용어해설

● **장미전쟁**→에드워드 3세의 피를 이은 요크 공작가와 랭커스터 공작가 사이에서 일어난 왕위 쟁탈 전쟁.

도안 토끼풀

Charges : Trefoil

들판에 핀 하얗고 가련한 꽃이지만, 툭하면 잡초라면서 제거되는 토끼풀. 그러나 문장의 세계에서는 사정이 다르다.

● 토끼풀 문장

토끼풀(trefoil)은 콩과의 여러해살이풀이다.

이 이름에서 감이 오지 않는 사람이라도 「클로버」라고 하면 어떤 모양의 풀꽃인지 떠오를 것이다. 네 잎 클로버는 행운을 가져다주는 부적으로도 유명하다.

작고 가련한 꽃이라 이 꽃을 사랑하는 사람도 적지 않지만, 문장에 사용하는 다른 여러 꽃이 관상용으로 재배되면서, 현재는 수많은 품종이 만들어진 것에 비해 토끼풀은 굳이 말하자면 들꽃 종류다.

그럼에도 토끼풀이 문장 도안으로 사랑을 받은 데에는 이유가 있다. 대칭적이고 기하학적인 모양새가 기호 같다는 점이 문장의 도안으로 안성맞춤이었고, 또 세 잎 클로버는 그 잎의 수로 그리스도교에서 말하는 **삼위일체**를 표현한다고 여겼기 때문이다.

그러한 점에서도 알 수 있듯이 토끼풀 도안은 기본적으로 꽃보다 잎의 모양에 더 중점을 두고 있다. 즉, 꽃이 그려지는 일이 거의 없다.

● -foil 의 문장

토끼풀 문장 도안이 꽃보다 잎 형태에서 그 특이성·우의성(愚意性)을 보이는 존재라는 것은 앞서 설명한 대로다.

문장 도안에는 세 잎 외에도 quatrefoil이나 cinquefoil, sexfoil, octofoil라고 불리는 것이 존재한다. 이것들은 각각 네 잎, 다섯 잎, 여섯 잎, 여덟 잎으로 된 도안이다. 여섯 잎은 수선화라고 여기는 경우도 있다.

이처럼 많은 잎을 기하학적으로 배치한 도안은 안정성이 느껴지는 도형으로서, 서양의 문장뿐만 아니라 세계 각지에서 장식 무늬로 활용되고 있다.

세 잎 클로버

토끼풀(트레포일)=세 잎클로버(클로버)는 주요 도안

토끼풀 도안은 잎이 그려진다. 꽃이 그려지는 경우는 거의 없다

세 잎

네 잎 클로버는 행운의 상징

문장 도안으로 사랑받는 이유

• 대칭적이고 기하학적인 모양새가 기호 같다

• 세 잎 클로버는 그 잎의 수로 그리스도교에서 말하는 삼위일체를 표현한다고 여겨졌다

또 다른 잎 모양 장식(-foil) 문장

문장 도안에는 세 잎 외에도 「ㅇㅇ잎」(-foil) 도안이 있다

네 잎(quatrefoil)

다섯 잎(cinquefoil)

여섯 잎(sexfoil)

여덟 잎(octofoil)

많은 잎을 기하학적으로 배치한 도안은 안정성이 느껴진다. 그 때문인지 세계 각지에서 장식 무늬로 활용되고 있다

용어해설

● **삼위일체**→그리스도교의 교의 중 하나. 여러 가지 해석이 있지만 하늘에 계신 성부와 성자(그리스도)와 성령의 관계가 신을 통해 일체라는 교의.

도안 나무

Charges : Tree

사람과 나무의 관계는 인간이 나무 열매를 입에 댄 순간부터 이어진다. 문장의 모티브로 사용되는 것도 당연하다고 할 수 있다.

● 나무 문장

인류는 나무와 깊은 인연을 맺으며 오랜 역사를 살아왔다. 건축 자재로 써서 집이나 건물을 짓고, 종이가 등장하기 이전 시대에는 기록 도구로 사용했으며, 무기를 만들고, 과실을 먹었다. 그리고 **드루이드 신앙** 등, 예전에는 신앙의 대상으로도 여겼다.

문장 도안으로 이용되고 있는 나무의 대표적인 것은 떡갈나무(oak)다. 거의 유럽 전역에 분포하는 가장 친숙한 종류의 나무이며, 그들이 상상한 「나무」 모습의 공통항적인 존재였던 것이 그 이유 중 하나일 것이다.

또한 도안으로 분간을 하기 힘든 나무 그 자체의 모습을 이용할 뿐만 아니라 특징적인 잎을 모티브로 삼아 자주 이용하였다. 예를 들어 캐나다에서 국장으로 사용하고 있는 단풍잎(maple leaf) 등이 그 대표적이다.

● 나무 문장의 용어

단순히 「나무」라고 해도 그 모습은 각양각색이다. 품종에 대해 말하는 것이 아니라, 예를 들어 열매가 맺힌 모양은 「결실했다」(fructed)라고 한다. 마찬가지로 우뚝 서 있는 나무는 이렉트(erect), 옆으로 누운 것은 재센트(jacent), 이래디케이티드(eradicated)는 뿌리째 뽑힌 모양을 가리킨다. 어린잎이나 싹, 가지가 나 있는 것은 스프라우팅(sprouting)이라고 불렸다.

또 일부만을 도안으로 사용한 경우도 있었다. 대표적인 것은 앞서 말한 잎 부분인데, 기둥(stock)이나 그루터기(stem)도 빈번하게 이용된다. 잘린 그루터기 중 나이테가 보이게 그려진 것은 스내그드(snagged)라고 한다. 고목나무로 그려진 나무는 스타브드 트리(starved tree) 혹은 블라이티드 트리 (blighted tree)라고 불린다.

나무

나무 도안에서 대표적인 것은 떡갈나무

떡갈나무는 유럽의 거의 모든 전역에 분포하는 가장 친숙한 나무

> 켈트인에게는 나무를 신성시하는 드루이드 신앙이 있었지.

● 나무 문장 용어

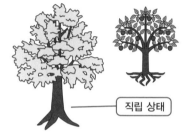

열매가 맺힌 모양
→「결실했다」

직립 상태

고목나무

뿌리째 뽑혀 있다

그루터기

기둥

어린잎이나 싹, 가지가 나 있다

나이테가 보이는 그루터기

옆으로 누워 있다

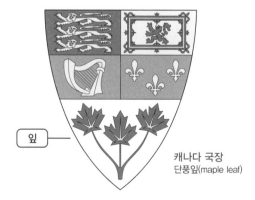

잎

캐나다 국장
단풍잎(maple leaf)

용어해설

● 드루이드 신앙→켈트족의 고대 종교. 사제인 드루이드의 이름은 「떡갈나무의 현자」를 뜻하는 Daru-vid가 어원이라고 한다.

도안 작물

Charges : Agriculturals

예부터 사람은 수확을 부(富)와 관련지었다. 부로 이어지는 도안은 문장에서 자주 이용된다.

●밀짚 문장

인류뿐만 아니라 생물이 활동을 계속하기 위해서는 무엇보다 먹어야만 한다. 그리고 인간은 이미 역사를 기록하게 된 무렵부터 자신의 관리 하에서 양식을 만들었다. 즉 농경이다.

온갖 것을 도안으로 채용해 온 문장 세계에서는 그러한 「농경의 산물」이 이용되기도 했다.

그 대표적인 것이 밀 이삭(wheat)이다. 곡물 이삭의 모양은 식재료와 밀접하게 관련된 도안으로서, 상당히 오래전 시대부터 문장의 모티브로 채용되었다. 그런 의미를 지닌 곡물은 보리(barley)와 귀리(oat), 호밀(rye) 등이었는데, 도안으로는 그것들이 따로 구별되지 않았고 호칭도 「밀 이삭」으로 통일되었다.

또 일반적으로 밀집은 다발로 묶은 모양, 즉 밀 다발(wheatsheaf) 모양으로 사용되었다. 이 도안을 이용한 유명한 사례로, 그로브너 가문의 문장을 들 수 있다. 이는 14세기에 문장 이용을 둘러싸고 벌어진 재판의 대표적인 판례(→No.029 참조)로서 잘 알려진 문장이다.

●열매 문장

열매 문장으로는 파인애플(pine apple)이 있다.

그렇지만 보통 우리가 그 단어에서 연상하고 먹는 파인애플과는 다른 것이다. 소나무(pine tree)의 열매, 다시 말해 솔방울이다. 일반적으로 말하는 파인애플도 근대 문장에서 사용하며, 그것은 아나나스(ananas)라고 한다.

또 문장 세계에는 오렌지(orange)라고 불리는 도안이 존재하는데, 이것은 과일 오렌지가 아니라 「황갈색 원형」이라는 기하학적인 무늬 도안을 가리키는 단어로 사용되고 있다.

작물

인류에게 없어서 안 되는 「농경의 산물」도 문장 도안으로 이용된다

밀 이삭
밀 종류를 구별하지 않고
「밀 이삭」

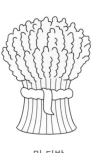

밀 다발

밀 다발을 이용한 그로브너
가의 문장

혼동하기 쉬운 열매 문장 용어

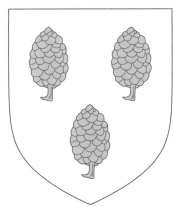

파인애플
파인애플이라고 하지만 소나무
(pine tree) 열매, 즉 솔방울을
뜻한다

일반적으로 말하는 파인애플을 근대 문장에서는 아나나스라고 해.

도안 환수 총론

Charges : about Monsters

옛날부터 괴물 · 요마는 사람들을 매료시켰다. 두려움과 동경을 가지고 이야기되는 그 환수들은 힘과 환상의 상징으로서 문장에도 이용되었다.

● 괴물 문장

과거에 사람들은 현재 동식물학상에서는 존재하지 않는 사실이 확인된 생물이 지상에 존재한다고 믿었다. 이른바 환수라고 불리는 존재다.

그런 환수 중에서도 용(dragon), 코카트리스(cockatrice), 그리핀(griffin), 해마(sea-house), 바다 사자(sea-lion), 반인반수(satyrals), 스핑크스(sphinx)와 같이 옛날부터 이야기로 전해 내려온, 화려하고 위풍당당한 모습을 한 괴물들이 인기가 높았다.

이 환수들은 회화나 장식의 모티브가 되었고, 조각상이 제작되었다. 그리고 문장 세계에서도 그것은 마찬가지였다.

이 환수들은 문장 도안으로 사용되었을 뿐만 아니라 대문장에서도 활약했다. 예를 들어 방패 좌우로 배치된 서포터로, 또 방패 위에 배치된 투구 장식으로 어렵지 않게 환수의 모습을 볼 수 있다.

원래부터 대문장은 권위주의의 상징물이며, 보는 이에게 아름답고 당당한 인상을 주는 구성, 쉽게 말해 화려해 보이게끔 각 부분이 디자인되고, 조합되며, 배치된다. 그러한 대문장에 환수의 등장이 많은 것은 어찌 보면 당연한 일이다.

이러한 환수 문장은 십자군 전쟁과 성지 순례가 빈번하게 일어난 12세기 이후에 생겨난 것이라고 추측된다. 즉 문장의 등장과 거의 같은 시기에 탄생한 것이다. 실제로는 그 이전 시대, 다시 말해 문장이 문장으로서 규칙을 가지기 전 시대부터, 깃발의 도안과 개인적인 인장으로 이용되고 있었으리라 생각한다.

또 시대가 조금 흐른 후, 음유시인들이 각지를 유랑하며 노래한 아서 왕 전설과 **중세 기사 이야기**의 로망에 자극을 받은 나머지 문장에 환수를 집어넣는 사례도 있었던 듯하다.

환수 도안

사람들의 상상력이 만들어낸 환수는 문장 안에서도 활약한다

- 방패 모양 안에 들어갈 문장 도안뿐만 아니라 대문장의 서포터로서, 또 투구 장식으로서도 이용된다
- 환수 도안은 문장이 등장(12세기 이후)한 것과 거의 동시에 생겨난 것으로 추측된다

환수가 등장한 중세 기사 이야기에 자극을 받고 환수를 넣는 경우도 있었던 모양이야.

용

그리핀

해마

코카트리스

스핑크스

반인반수

용어해설

● **중세 기사 이야기**→「아서 왕과 원탁의 기사」나 「샤를마뉴와 성기사」, 또는 「트리스탄과 이졸데」와 같은 중세 영웅 기사들의 이야기.

도안 용

Charges : Dragon and Kins

동서양을 막론하고 환수 세계에 군림하는 제왕인 용은 문장 세계에서도 인기가 많았다.

●용 문장

용은 환수의 대표적인 존재이며, 그 강대하고 압도적인 존재감으로 왕과 같은 취급을 받는 경우도 적지 않다. 지구상에 있는 여러 지역의 신화·전설에서 등장하는 이 환수는 힘이나 왕권과 연관되어 있으며, 때로는 부와 지성, 정신 등과도 관련되어 있었다.

서양에서 용 문장은 **성 조지**의 용 퇴치 전설과 연관된 것이 많고, 성 조지를 수호성인으로 삼은 런던 시에서는 용이 문장 서포터로 이용되고 있다. 또 웨일스 지방의 부문장에는 「웰시 드래곤」이라고 불리는 붉은 용의 모습을 볼 수 있다. 개인 문장으로는 15세기 잉글랜드의 왕 **헨리 7세**가 붉은 용을 부문장으로 삼았을 뿐만 아니라 왼쪽 서포터로도 이용했다.

용의 유형으로서 유명한 것으로 와이번(wyvern)이 있다. 「문장을 위해 창조되었다」고 일컬어지는 이 환수는, 용과 생김새가 매우 흡사하지만 다리가 두 개밖에 없다는 특징이 있다.

와이번 이외의 유형으로는 그리스 신화 속 **아르고 탐험대**의 에피소드로 알려진 히드라(hydra)가 존재한다.

●그리핀 문장

용과 비슷한 관계에 있는 문장으로 그리핀을 들 수 있다.

알스(alce), 또는 오피니쿠스(Opinicus)라고도 불리는 이 환수는 독수리의 상반신과 사자의 하반신을 가졌다고 하며, 신화나 전설 속 세계에서는 그리스 복수의 여신인 네메시스의 마차를 끄는 검은 그리핀이 유명하다.

황금을 발견하고 그것을 수호하는 그리핀은 지식의 수호자로 알려져 있을 뿐만 아니라 조류와 짐승의 왕이 합체한 모습으로 인해 왕권의 상징으로 여겨졌다.

용

용은 힘, 부, 지성, 정신의 상징

성 조지의 용 퇴치 전설과 관련된 것이 많다

서포터가 용

성 조지를 수호성인으로
삼은 런던 시의 대문장

잉글랜드 왕 헨리 7세
(15세기)의 대문장
붉은 용을 부문장으로 하며, 대문
장 왼쪽 서포터로 용을 사용했다

웨일스의 부문장
붉은 용「웰시 드래곤」

용과 매우 흡사하
지만 다리는 두 개
밖에 없다

용의 유형
와이번
「문장을 위해 창조되었다」고
일컬어진다

그리핀은 조류와 짐승의 왕이 합체한 모습

알스 혹은 오피니쿠스라고도 불린다

독수리의 상반신과 사자의 하
반신. 조류와 짐승의 왕이 합
체한 모습으로 인해 왕권의 상
징으로 여겨졌다

용어해설
- 성 조지→성 게오르기우스. 카파도키아 땅을 위협하던 용을 퇴치한 영웅이다.
- 헨리 7세→잉글랜드의 왕위를 둘러싼 내전인 장미전쟁에서 리처드 3세를 물리치고 승리했다. 튜더 왕조를 연 왕.
- 아르고 탐험대→영웅 이아손과 함께한 그리스 신화의 영웅들 아르고나우타이 이야기. 호메로스의 서사시「오디세
이아」등에서 언급된다.

도안 반인반수와 바다 괴물

Charges : Satyrals & Sea-monsters

신화 전설에는 사람과 동물, 여러 종류의 동물을 합친 괴물이 여럿 등장한다. 그 괴물들이 문장 세계에서는 서포터로 활약했다.

●반인반수(半人半獸) 문장

옛날에는 인간과 동물의 교합으로, 그리고 신의 뜻이나 저주의 개입으로 인해 아이를 만들 수 있다고 믿었다. 그런 불길한 태생의 아이는 인간과 동물의 성질을 모두 다 가져서 반인반수의 모습을 하고 있다고 여겼다.

또 그리스 신화를 비롯한 옛 신화에 등장하는 정령이나 요정 중에는 인간과 동물의 모습을 모두 가진 존재도 있었다.

반인반수(satyr)나 반인반호(Man-tiger), 반인반마(Centaur), 반인반어(Triton)와 같은 것들이 대표적이다. 이 환수들을 반인반수류라고 한다.

이 반인반수들은 문장에도 사용되었다. 문장 도안으로는 물론 대문장에서 서포터로 이용되는 경우도 많았다. 특히 서 있는 자세로 많이 그려진 반인반수와 인어는 서포터로 디자인하기 쉬웠기 때문인지 자주 서포터로 이용되었다.

●바다 괴물

오래전 육지에 인간과 뒤섞인 반수의 환수가 출현했던 것처럼, 전설 속 바다에는 육지 짐승과 섞인 환수가 출현했다.

해마와 바다 사자, 바다 용(sea-dragon)과 같은 것이 일반적이지만, 그중에는 바다개(sea-dog)라는 특이한 종도 존재한다.

이것들은 말과 사자와 같이 육지 동물의 상반신에 물고기의 하반신을 이어붙인 듯한 모습을 하고 있다. 또 물고기 부분인 하반신 이외에도 물고기 비늘 모양의 무늬가 그려져 있는 것도 외관적인 특징이라고 할 수 있다.

이런 환수들도 반인반수류와 똑같이 서포터로 이용하는 경우가 많았다. 또 바다 늑대(sea-wolf)나 바다 곰(sea-bear)이라고 불리는 도안도 있지만, 두 가지 다 환수가 아닌 바다표범(seal)과 같은 범주로 취급되는 문장이다.

반인반수와 바다 괴물

반인반수(Satyrals)는 인간과 동물이 합체된 환수

문장의 도안뿐만 아니라 대문장의 서포터로도 많이 이용되었다

반인반수(satyr)

반인반어(Triton)

반인반마(Centaur)

육지와 바다의 동물이 합체된 바다 괴물

하반신이 물고기고 상반신은 육지 생물

바다 용 (sea-dragon)

대문장의 서포터로도 많이 이용되었다

같은 바다 개라도 이쪽은 네 개의 다리에 비늘과 물갈퀴가 특징

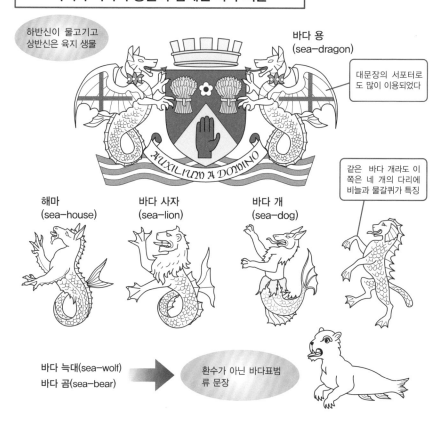

해마 (sea-house)

바다 사자 (sea-lion)

바다 개 (sea-dog)

바다 늑대(sea-wolf) 바다 곰(sea-bear) → 환수가 아닌 바다표범 류 문장

도안 도구

Charages : about Tools / Farming Tools

직업을 상징하는 상징물로 직업상 이용하는 도구가 사용되는 경우가 많다. 대표적 그림 상징물인 문장에서도 역시 마찬가지다.

●도구 문장

인간이 사회적인 생활을 영위하기 위해서는 무엇이 되었든지 노동을 할 필요가 있다. 노동을 하며 사람은 하루하루 양식을 얻고, 또 커뮤니티의 일원으로서 사람들에게 받아들여진다. 그리고 작업에는 다양한 도구가 이용된다.

밭을 갈려면 가래 같은 농기구가, 공업이라면 쇠망치나 톱 같은 것이 필요해진다. 이 도구들은 문장의 도안으로도 이용되었다.

일반적으로 이 도구들을 이용한 문장은 귀족과 왕족, 성직자들이 아닌 서민의 것이었다. 왜냐하면 이것들은 직업이나 그와 관련된 단체로 직결되는 문장이며, 이런 도구에서 연상되는 일은 평민들의 직업이었기 때문이다.

●농기구 문장

직업과 밀접하게 연관된 작업 도구 문장 중에서도 특히 종류가 많은 것은 농업에 관련된 것, 다시 말해 농경 도구에 관한 문장이다.

그 대표적인 것은 가래(spade)다. 이것은 토목 공구로도 사용되는 스쿠프/셔블과 같은 모양으로, 목제로 된 본체에 쇠붙이(spade-iron)를 붙인 것(윤곽은 오늘날 우리가 흔히 보는 것과 같다)과 그것을 세로로 자른 것(half-spade), 그리고 쇠붙이 끝부분을 잘라서 평평하게 한 것(shovel)이 있다.

또 바구니(basket)도 빈번하게 사용되었다. 일반적인 모양의 바구니뿐만 아니라 나뭇가지를 엮어 만든 바구니(wicker-basket)와 농기구라고는 하기 어렵지만 빵 담는 바구니(bread-basket)도 문장의 도안으로 이용되었다.

그 외에 탈곡 도구인 키(Winnowing-basket)도 바구니의 한 종류로 분류된다. 키는 그 모양새로 인해 조개 문장과 혼동되는 경우도 있었다.

도구

> ### 도구는 서민의 문장 도안

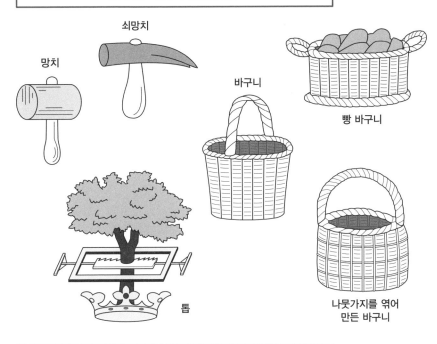

망치

쇠망치

바구니

빵 바구니

톱

나뭇가지를 엮어
만든 바구니

> ## 농경 도구는 도구 중에서도 특히나 많은 도안으로 쓰였다

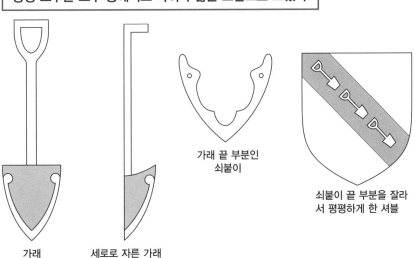

가래

세로로 자른 가래

가래 끝 부분인
쇠붙이

쇠붙이 끝 부분을 잘라
서 평평하게 한 셔블

199

도안 도검

Charges : Swords and Spears

인간은 검날에서 무훈의 긍지를 느끼며, 영광과 힘과 준엄한 의사 표명이라고 여기게 되었다.

●검 문장

동서고금, 인류 문명에서 무기는 모든 힘의 상징으로 여겨졌다.

원래 군사적인 배경을 가지고 탄생한 문장의 도안으로 무기가 사용되는 것은 당연한 일이라고 할 수 있다.

「무기」는 인류 문명의 발전과 함께 여러 종류의 것이 생겨났다. 창과 도끼, 활과 화살, 그리고 검. 특히 검은 군사적인 힘을 나타내는 기호로서 여러 장면에서 사용되었고, 또 문장으로 이용되었다.

검 문장은 크게 두 가지 양식이 있다.

하나는 곧게 뻗은 도신에 칼날이 양쪽에 있는, 이른바 「서양검」(sword).

다른 하나는 휜 도신에 한쪽에만 칼날을 가진 「서양도」(sabre)이다.

특히 후자는 사브르나 펄션(falchion), 또는 행거(hanger), 시미터(scimitar)와 같이 게임으로 인해 친숙한 도검 외에도 **색슨족**의 전통 검 색스(seax : 스크래머색스)와 같은 종류가 있다.

참고로 프랑스 문장학에서는 서양검을 「에페」(epee), 서양도를 「바들레르」(Badelaire)라고 부른다.

●창 문장

검과 함께 힘을 상징하는 무기로 사용된 것이 「창」(spear)이다.

창은 기사의 무기이자 중세 기사들의 공식 무대였던 마상 창 시합에서 사용한 무기였다. 그 때문인지 창 문장은 기마 창 모양으로 그려진 것이 많다. 또 창 그 자체 외에도 창끝(spear-head)을 문장으로 쓰기도 했다.

도검

검 문장은 크게 두 가지 양식이 있다

 곧게 뻗은 도신에 칼날이 양쪽에 있는 「서양검」

 휜 도신에 한쪽에만 칼날을 가진 「서양도」

프랑스 문장학에서는, 서양검을 「에페」(epee), 서양도를 「바들레르」(Badelaire)라고 부른다

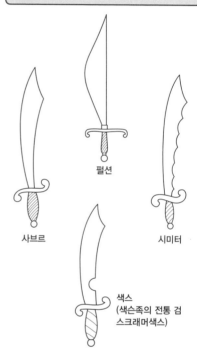

펄션

사브르

시미터

색스
(색슨족의 전통 검
스크래머색스)

창 문장은 기마 창 모양
으로 그려진 것이 많다

「창끝」
(spear-head)

용어해설
● **색슨족**→게르만계 민족 중 한 부족. 작센족이라고도 하며, 독일 북부를 중심으로 생활했다. 마찬가지로 게르만계
민족인 앵글족, 주트족과 함께 브리튼 섬으로 건너와 앵글로색슨족을 형성한다.

도안 도끼

Charges : Axes and Hammers

오로지 군사적인 힘의 상징으로만 취급되던 검과 창에 비해 도끼와 쇠망치는 마찬가지로 무기이지만 공구로서의 측면이 강했다.

●도끼 문장

판타지를 소재로 한 수많은 게임에서 도끼는 검과 함께 전사의 무기로 활약한다. 실제 역사 속 유럽에서도 도끼는 무기로서, 주로 건조물 등을 부수는 데에 활약했다.

전장에서 간간이 볼 수 있는 도구——즉 도끼도 무기로서 도검 등과 똑같이 문장 도안으로 사용되었다.

또 도끼는 서민들이 이용하는 도구로도 인식되었다. 임업이나 목공 장인의 직업을 상징하는 도형으로 톱과 함께 즐겨 사용되던 것이 도끼였다.

도끼 문장은 변형도 많아서, 손도끼(hatchet)나 전투용 도끼(battle-axe), 넓은 날 도끼(broad-axe), 긴 자루 도끼(pole-axe), 갈고리 달린 도끼(lochaber-axe), 도살용 도끼(slaughter-axe) 외에 곡괭이(pick axe)도 도끼로 분류되었다. 이 도끼들 중 도살용 도끼는 가축이나 동물을 도축하는 장인의 문장으로 사용된 경우도 있어서, 무기보다 장인의 도구로 취급되었던 듯하다. 또 장인의 도구로 **녹로공**이 사용한 목공용 도끼(turner's-axe)도 있었다.

또한 석공의 정(chipping-axe)이나 벽돌공의 공구(bricklayer's axe)와 같이 자루가 없는 금속 공구도 도끼 부류로 취급되었다.

●쇠망치 문장

도끼와 마찬가지로 「검만큼은 아니지만 전투용 무기로 인식된 도구」로서 쇠망치, 즉 해머가 존재한다.

이것도 도끼와 똑같이 문장 도안으로 이용되었다. 하지만 역시 도끼와 마찬가지로 서민인 직공들이 사용하는 도구의 성질이 강해서, 대장장이, 석공, 미장이나 그들이 속한 조합이 이 도안을 이용하는 경우가 많았다.

도끼

도끼는 전사의 무기이자 장인의 도구이기도 하다

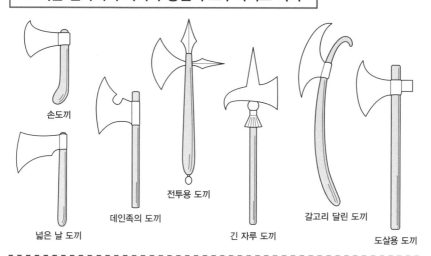

손도끼

넓은 날 도끼

데인족의 도끼

전투용 도끼

긴 자루 도끼

갈고리 달린 도끼

도살용 도끼

● 도끼 부류로 취급된 도구

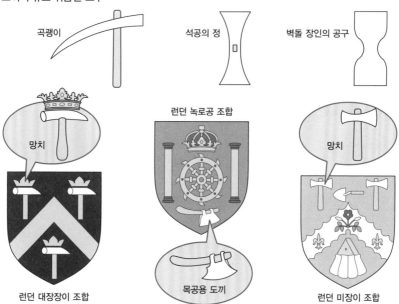

곡괭이

석공의 정

벽돌 장인의 공구

망치

런던 대장장이 조합

런던 녹로공 조합

목공용 도끼

망치

런던 미장이 조합

용어해설

● **녹로공** → 여기서는 목공 장인을 가리킨다. 녹로에 목재를 고정시킨 뒤 목공 제품을 깎아서 모양을 만든다.

도안 활과 총

Charges : Bows and Guns

활과 총은 병사가 전장에서 혼자 운용할 수 있는 사격 병기다. 검과 나란히 무력의 상징으로 여겨지는 이것들도 역시 문장으로 사용된다.

●활과 화살 문장

서양에 총화기가 등장하기 전, 전장에서 투사 공격을 수행하는 것은 주로 궁병의 역할이었다. 또 활과 화살은 사냥꾼의 도구로서 사람들 가까이에 있는 물건이었으며, 그 형태적인 특징으로 인해 문장에 채용되는 경우도 적지 않았다.

하지만 활 도안 자체는 활(bow)과 쇠뇌(stone-bow), 이 두 종류만 있을 뿐이다. 그 이유는 모티브가 된 물건의 디자인이 단순하며, 세세한 차이를 부여한들 헷갈리기 쉬울 뿐이었기 때문이다.

화살도 역시 단순한 구조이지만, 여러 종류가 존재한다.

일반적인 화살(arrow) 외에도, 새 사냥용 화살(bird-bolt), 그리고 세 갈래 촉 화살(broad-arrow)이 자주 이용되었다. 새 사냥용 화살은 쇠뇌로 사용하는 굵고 짧은 화살인데, 세 갈래 또는 원뿔형으로 된 낯선 형태를 하고 있다. 또 세 갈래 촉과 비슷한 것으로 투창의 머리 부분(pheon)이 있다. 두 개는 매우 비슷해서 간혹 화살에 투창의 머리 부분을 붙인 문장(arrow pheoned)도 존재했다.

화살을 문장으로 이용할 때에는 촉을 아래로 향하게 그리는 것이 일반적이다.

●총포 문장

화약의 등장으로 인해 출현한 무기인 총화기도 역시 문장으로 이용되었다. 그렇지만 문장학 세계에서 건(gun)이라고 할 때에는 화포를 의미하며, 흔히 말하는 총기는 머스킷(musket)이라고 표현한다.

두 가지 모두 비교적 새 시대에 출현한 도구이기 때문인지, 예전부터 존재해 온 문장에 이용된 사례는 적다. 현재 사용되고 있는 총화기 문장 대부분은 근현대에 만들어진 것이다.

총기를 문장 속에 삽입한 사례로는 우크라이나 국장 중 대문장 오른쪽 서포터로 사수(musketeer)를 배치한 것이 유명하다.

활과 총

활 도안은 활과 쇠뇌 두 종류

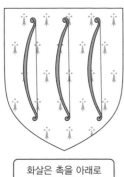

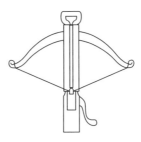

세 갈래 촉

화살은 촉을 아래로
그린 것이 일반적

새 사냥용 화살
은 쇠뇌용 화살

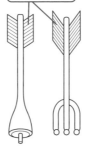

세 갈래 촉과 비슷한
투창 머리 부분

문장학에서 건(gun)은 화포를 가리킨다

총기는 머스킷(musket)

현재 사용되는 총화기 문장의 대부분은 근현대
에 만들어진 것

우크라이나 대문장
서포터에 사수(머스킷)를 배치했다

도안 인체

Charges : Human-Bodies

인체는 인간에게 가장 익숙한 존재다. 그 모습은 예전부터 표지로 이용되었고, 또한 문장에서도 사용되어 왔다.

● 인체 문장

인간에게 가장 익숙한 "존재"는 자기 자신의 몸, 인체다. 이 익숙한 존재 역시 문장 도안으로 이용되었다.

가장 알기 쉬운 사례로는 대문장에서 문장 좌우로 배치된 서포터를 들 수 있다. 인간 그 자체가, 예를 들어 검사나 사수와 같은 인물이 문장 장식으로서 그 양 옆에 서 있다.

문장 그 자체로 이용되는 경우도 있다. 그럴 때에는 인간의 모습 자체가 이용되는 경우는 거의 없고, 손(hand)이나 발(foot), 머리(head), 유방(breast) 등 신체의 일부분을 이용하는 것이 일반적이다. 또 해적기로 익숙한 해골(skull)이나 뼈(bone)도 인체의 일부로 볼 수 있다.

● 머리 문장

인체 문장 중에서도 변형이 많은 것은 머리 도안이다.

손이나 발 등은 어떤 인종 민족이어도 형태에 눈에 띄는 차이는 존재하지 않지만, 머리(얼굴)에는 민족에 따른 차이를 나타내기 쉽기 때문이다.

이 「민족에 따른 차이」는 눈매나 얼굴 생김새와 같은 세세한 부분이라기보다 머리 모양이나 몸에 지니고 있는 액세서리로 인한 것이다.

머리 문장으로 자주 이용되는 것은 잉글랜드인(Englishmen's)과 색슨인(Saxon's), 사라센인(Saracen's), 무어인(Moor's), 터키인(Turk's)처럼 유럽인들과 인연이 깊은 민족이다.

또 **모세**나 **세례자 요한**, **성 바울**과 같은 그리스도교 세계의 성인을 모티브로 한 도안도 있었다.

인체

문장 도안에는 인체 자체보다 인체의 일부가 이용된다

손　　발　　유방　　해골　　뼈

머리　머리(얼굴) 도안에서는 머리 모양이나 몸에 지니고 있는 액세서리로 민족적인 차이를 표현하기 쉽다

잉글랜드인　무어인　사라센인　터키인　색슨인

그리스도교에 관한 인물의 도안

세례자 요한의 투구 장식

모세를 본뜬 투구 장식의 문장

대문장 서포터에 인간이 이용되는 경우도 있다

용어해설

- **모세**→『구약성경』의 등장인물 중 한 명. 신의 계시에 따라 이집트 하층민이었던 유대인을 이끌고 약속의 땅 가나안으로 인도했다.
- **세례자 요한**→밥티스마 요한이라고도 한다. 그리스도교가 탄생하기 이전부터 요르단 강가에서 활동하던 종교인으로, 종교 활동을 막 시작한 예수 그리스도에게 세례를 베풀었다.
- **성 바울**→『로마서』『고린도전서』 등을 기록한 『신약성서』의 기록자 중 한 명.

방패

Escutcheon

문장에 위엄을 주는 것은 그곳에 그려진 도안뿐만이 아니라, 테두리 선인 방패 역시 문장을 꾸미는 중요한 요소다.

● 문장의 테두리 선

문장을 그릴 때에는 당연히 테두리 선이 필요하다.

그 테두리 선을 「방패」라고 부른다.

테두리 선이 그렇게 불리는 이유는 문장이 전장에서 생겨난 식별 장식이며, 또 주로 이용한 장소가 기사들의 마상 시합이었기 때문이다. 일반적으로 문장은 전사들의 방패에 그려지는 그림이었다.

초기의 방패는 무구(武具)인 연 모양 방패(Kite shield)와 거의 같은 모양이었다. 그러던 것이 시대가 지나면서 점점 위아래가 줄어들더니, 오늘날과 같은 테두리 선이 되었다.

방패의 모양은 이용하는 사람이나 디자이너에 따라 다양한 디자인이 고안되었다. 나라마다 이용하는 방패의 모양에 경향이나 취향이 반영되면서 잉글랜드형이나 프랑스형, 독일형 등으로 불리고 있지만, 그 방패를 사용한다고 해서 꼭 그 나라 사람이라는 뜻은 아니다.

여러 변형이 있는 방패이지만, 그중에서도 용도가 한정된 것이 두 종류 있다. 하나는 여성용인 마름모꼴, 그리고 또 하나는 성직자용인 말 머리 모양이다. 여성과 성직자가 다른 방패를 사용할 수 없는 것은 아니지만, 일반 남성이 이것들을 사용하는 경우는 결코 없다.

여성이기는 하지만 부부로 문장을 공유하거나 공직에 오른 경우에는 남성과 같은 모양의 방패를 사용하는 것이 통례이다.

● 방패의 구획

방패는 몇 개의 구획으로 분할된다.

분할법은 영국식과 프랑스식이 다른데, 영국식에서는 열한 개, 프랑스식으로는 아홉 개로 분할된다. 이것을 「포인츠 오브 필드」(points of field)라고 하며, 문장 도안을 그려넣을 때 기준이 된다.

방패 모양

「방패」=문장의 테두리 선

초기의 「방패」는 무구인 방패와 거의 같은 형태

시대가 지나면서 위아래가 줄어들었다

오늘날에는 다양한 형태가 고안되었다

방패의 모양은 나라마다 이용되는 경향이나 취향이 있다

잉글랜드형　　　프랑스형　　　독일형

특정한 모양을 사용하고 있다고 해도 그 나라 사람이라고는 할 수 없다

여성과 성직자의 「방패」

여성용은 마름모꼴

성직자용은 말 머리 모양

일반 남성이 이것들을 사용하는 경우는 결코 없다

여성이라고 해도 부부로 문장을 공유하는 경우나 공직에 오른 경우에는 남성과 같은 모양의 방패를 사용하는 것이 통례

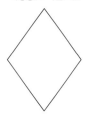

● 「포인츠 오브 필드」

방패는 몇 개의 구획으로 분할된다. 분할된 구획은 문장 도안을 그려넣을 때 기준이 된다

분할법은 영국식과 프랑스식이 다르다

영국식
11분할

A	B	C
	D	
J	E	K
	F	
G	H	I

프랑스식
9분할

1	2	3
4	5	6
7	8	9

상부 장식

Helmet & Crest, Crown

귀족이 권위, 권세를 과시하기 위해 사용한 대문장에는 투구와 왕관 등 권력을 상징하는 도안이 그려져 있다.

●투구와 투구 장식

전장에 등장했을 때에는 방패 안에 그려졌던 문장이 시대가 흐르면서 권위의 상징이 되어 장엄하고 아름답게 장식된다. 이른바 대문장의 등장이다.

대문장에 덧붙인 액세서리는 많이 있지만, 대부분의 경우 추가되는 것이 「투구」와 「투구 장식」, 이 두 가지다.

투구는 크게 격자 투구와 면갑 투구, 두 종류로 나눠진다. 이것들은 계급에 따라 사용하는 도안이 정해져 있다. 왕과 왕세자는 정면을 바라보는 금색 격자 투구, 공작 이하의 귀족은 옆을 바라보는 은색 격자 투구, 훈공작은 면갑을 열고 정면을 바라보는 철색 면갑 투구, 향신은 면갑을 닫고 옆을 바라보는 철색 면갑 투구를 사용할 수 있고, 가계 통합 등으로 여러 개의 투구를 사용할 때에는 서로 바라보는 형태로 배치하게 되어 있다

투구 장식은 투구와 조합해서 사용한다. 투구 장식은 문장 사용자 개인에게 귀속되는 것이 아니라 가계를 표현하는 기호로 사용된다. 다시 말해 일족에 속하는 사람은 모두 변형을 전혀 가하지 않은 형태로 같은 투구 장식을 사용하는 것이다. 그러한 성질을 가지고 있기 때문에 가계가 통합될 때에는 대문장에 투구 장식이 여러 개 사용되는 경우도 있다.

●관

투구 · 투구 장식과 조합해서 사용되는 것으로 「관」이 있다.

이것 역시 계급에 따라 사용할 수 있는 도안이 규정되어 있으며, 관을 보면 문장 사용자의 작위를 알 수 있다.

관은 귀족 외에 성직자도 사용한다. 성직자의 관은 주로 로마 교황 전용의 교황관, 대주교나 주교가 사용하는 주교관, 추기경이 사용하는 모관이다.

대문장을 장식하는 투구·관·투구 장식

문장을 장엄하고 아름답게 만드는 대문장 액세서리

● 투구
· 크게 격자 투구와 면갑 투구, 두 종류로 나눠진다
· 계급에 따라 사용하는 도안이 정해져 있다

왕과 왕세자
정면을 바라보는
금색 격자 투구

공작 이하의 귀족
옆을 바라보는
은색 격자 투구

훈공작
면갑을 열고 정면을
바라보는 철색 면갑
투구

향사
면갑을 닫고 옆을
바라보는 철색 면갑
투구

● 투구 장식
· 투구와 조합해서 사용한다
· 개인이 아닌 가계를 표현하는 기호로 여긴다.
  일족에 속한 사람은 모두 변형를 전혀 가하지
  않은 형태로 같은 투구 장식을 사용한다

에드워드 흑태자의 투구 장식

● 관
· 투구와 투구 장식과 조합해서 사용된다
· 계급에 따라 도안이 규정되어 있다
· 관은 귀족 외에 성직자도 사용한다

로마 교황 전용인 교황관

대주교와 주교가 사용하는
주교관

추기경이 사용하는 모관

오디너리즈

Charges : Ordinaries

> 문장을 장식하는 여러 차지 중에는 기하학적인 무늬도 존재한다. 이것도 역시 문장을 꾸미는 데 없어서는 안 되는 요소다.

●추상 도형

문장에 사용되는 도형은 동물과 도구 등 구체적인 도형인 「커먼 차지」(Common charge)와 기하학적인 추상 도형인 「오디너리즈」(ordinaries)로 이루어진다.

오디너리즈는 크게 두 종류로 분류된다.

하나는 「아너러블 오디너리즈」(honourable ordinaries)라고 불리는 것으로, 문장에 사용되는 기하학 도형의 기본형이자 빈번하게 사용되기 때문에 「주(主) 오디너리즈」라고 불리기도 한다.

아너러블 오디너리즈는 대각선 띠, 역 대각선 띠, 윗부분 띠, 산 모양 띠, 가로 띠, 얇은 가로 띠, 십자, 대각선 십자, 세로 띠, 이 아홉 종류다.

다른 하나는 「서브 오디너리즈」(sub ordinaries)로, 아너러블 오디너리즈에 속하지 못한 여러 기하학 도형이 이쪽으로 분류된다. 아너러블이 「주」가 되는 것에 비해 「부(副) 오디너리즈」라고도 불린다.

서브 오디너리즈의 예로는 9분의 1 사각형, 4분의 1 사각형, 방사 삼각형, 작은 방패 도형, 테두리 선, 안쪽 테두리 선, 삼각 말뚝, Y형 띠, 마름모, 속이 빈 마름모, 작은 원, 그물코 등이 있다.

주 오디너리즈와 부 오디너리즈의 차이는 아너러블이 문장을 구성하는 주된 요소가 되는 것에 반해 서브는 종속적, 보조적인 취급이라는 점이다. 예를 들어 서브는 장자가 아닌 자제가 당주의 문장과의 차이화에 사용하는 경우가 많다.

이처럼 주 오디너리즈와 부 오디너리즈가 구분되어 있기는 하지만, 실제로는 각각의 오디너리즈에서 사용 방법에 예외가 있거나 시대에 따라 사용법에 변화가 나타나는 등 복잡하고도 미묘하기 때문에 정확한 분류는 어려우며, 문장학자 전원이 인정하는 분류학설은 현재에도 확립되지 않았다고 봐도 좋다. 이번 항목의 분류는 「대체로 타당하다」고 판단되는 분류지만, 얇은 가로 띠에 관해서는 학파에 따라 아너러블 오디너리즈의 분류에서 제외되는 경우도 있다.

추상 도형(오디너리즈)

추상 도형(오디너리즈)는 크게 두 종류

아너러블 오디너리즈
(주 오디너리즈)

기본형이며 자주 사용된 아홉 종류

대각선 띠
(bend)

역 대각선 띠
(bend sinister)

윗부분 띠
(chief)

산 모양 띠
(chevron)

가로 띠
(fess)

얇은 가로 띠
(bar)

십자
(cross)

대각선 십자
(saltire)

세로 띠
(pale)

얇은 가로 띠는 학파에 따라 제외되는 경우도 있다

서브 오디너리즈
(부 오디너리즈)

아너러블 오디너리즈 이외의 기하학 도형

9분의 1 사각형
(canton)

4분의 1 사각형
(quarter)

방사 삼각형
(gyron)

작은 방패 도형
(escutcheon)

종속적, 보조적인 취급. 장자가 아닌 자제가, 당주의 문장과의 차이화에 주로 사용하였다

테두리 선
(bordure)

안쪽 테두리 선
(orle)

삼각 말뚝
(pile)

Y형 띠
(pall)

마름모
(lozenge)

속이 빈 마름모
(mascle)

작은 원
(roundles)

그물코
(fret)

······등

분류는 예외가 있거나 시대에 따라 사용법이 변하는 등 확정되지 않았다. 이번 항목의 분류는 「대체로 타당하다」고 판단되는 분류

분할 도형과 분할 선

Parties & Partition Lines

초기 문장에서는 단순한 도형이 단색으로 사용되었다. 그중 최고는 두 가지 색 또는 세 가지 색으로 영역 분할만 한 문장이었다.

●분할 도형

문장을 구성하는 차지에 추상 도형인 오디너리즈와 구상 도형인 커먼 차지가 있다는 것은 앞서 설명했다.

이것들 외에도 차지로 분류되는 도형의 종류가 또 하나 존재한다. 그것이 「파티」(party)라고 하는 분할 도형이다. 언뜻 보기에는 오디너리즈와 매우 흡사하며(거의 똑같은 분할 도형도 간혹 있다), 또한 각 호칭도 비슷해서 혼동되는 경우도 많다.

파티의 특징은 이름이 보여주는 대로 문장을 두 개에서 다섯 개 정도로 영역을 분할한 뒤 두 가지 색 내지는 세 가지 색으로 번갈아 칠하여 나누는 것이다. 오디너리즈와 다른 점은 기본적으로 방패 전면에 꽉 차게 그린다는 점이다.

파티는 크게 여덟 종류로 나눠진다. 세로 분할, 가로 분할, 대각선 분할, 십자 분할, 대각선 십자 분할, 산 모양 분할, 풍차 분할, 체크무늬 분할이다.

이것들 중에 세로 분할, 가로 분할, 대각선 분할, 산 모양 분할은 기본형이 되는 분할 수 외에, 짝수 개로 분할할 때에 형용사적 명칭이 된다. 예를 들어 세로로 여섯 개의 분할이면 「퍼 페일 식스」(per paly six), 「세로 6분할」이 되는 것이다.

또 체크무늬는 대각선으로 그린 마름모꼴 무늬와 길쭉한 마름모꼴을 이용한 긴 마름모꼴 무늬와 같은 변형이 존재하며, 자주 사용된다.

●분할 선

분할 선은 크게 직선, 톱니 모양, 물결 모양, 요철 모양으로 나눠진다. 이 외에 태양 무늬나 서로 다른 백합 나열이라는 것도 있다.

이 선들은 파티 분할 선으로 쓰일 뿐만 아니라 오디너리즈를 그릴 때에도 사용된다.

분할 도형과 분할 선

 또 다른 문장 도형

분할 도형(party)

오디너리즈와 매우 흡사하다

호칭도 비슷해서 혼동되는 경우도 많다

크게 여덟 종류로 나눠진다

차지 ┬ 추상 도형(오디너리즈)
├ 구상 도형(커먼 차지)
└ 분할 도형(파티)

문장을 두 개에서 다섯 개 정도로 영역을 분할해서 색칠해 나눈다. 기본적으로 방패 전면에 꽉 차게 그리는 점이 오디너리즈와 다르다

세로 분할
(per pale)

세로 분할 변형

세로 6분할
(per paly six)

가로 분할
(per fess)

대각선 분할
(per bend)

십자 분할
(quarterly)

대각선 십자 분할
(per saltire)

체크무늬 변형

체크 무늬
(checky)

마름모꼴 무늬
(lozengy)

긴 마름모꼴 무늬
(fusily)

산 모양 분할
(per chevron)

풍차 분할
(gyronny)

분할 선

분할 선으로 사용될 뿐만 아니라 오디너리즈를 그릴 때에도 사용된다

직선(straight) ────────────

톱니 모양(indented) ∧∧∧∧∧∧∧∧

물결 모양(wavy) ∼∼∼∼∼

요철 모양(embattled) ⊓_⊓_⊓_⊓_

......등

그 외에

태양 무늬(rayonné)
∧∧∧∧∧∧∧∧∧∧∧∧∧∧

서로 다른 백합 나열
(fleury counter fleury)

모피색

Furs in Colors

기하학적인 무늬 중에서도 특별히 색채로 인정되는 것이 있다. 귀족들이 입은 외투에 쓰인 모피를 이미지한 무늬다.

● 어민——왕가의 색

문장으로 사용할 수 있는 색채는 두 가지 금속색과 다섯 가지 원색으로 정해져 있다. 하지만 그 이외에도 색채로 분류되는 기하학 무늬가 존재한다.

그것이 「모피색」(모피 무늬 : fur)이라고 불리는 것이다. 모피 무늬는 크게 「어민」(ermine)과 「베어」(vair), 이렇게 두 종류로 분류할 수 있다. 어민은 담비의 털가죽, 베어는 다람쥐 털가죽을 본뜬 무늬다.

어민 무늬의 소재가 된 담비는 쉽게 얻을 수 없는 동물이며, 그 희소성으로 인해 귀족의 예복 등 한정된 용도로밖에 사용할 수 없었다. 그 때문인지 문장색 어민도 고귀한 색으로 취급되었고, 사용은 귀족으로 한정되었으며, 위계복이나 외투로 사용할 수 있는 사람은 왕족으로 제한되었다.

어민은 네 종류, 즉 네 가지 색깔이 존재한다. 은색 바탕에 검은색 담비 반점이 있는 「어민」, 검은색 바탕에 은색 담비 반점이 있는 「어민즈」(ermines), 금색 바탕에 검은색 담비 반점이 있는 「어미노와」(erminois), 검은색 바탕에 금색 담비 반점이 있는 「핀」(pean)이다.

● 또 다른 모피색——베어

베어 무늬의 소재가 된 다람쥐의 털가죽도 중세 귀족들에게 외투의 안감 등의 용도로 귀하게 여겨졌다.

베어는 나사못 실루엣 같은 기하학 무늬를 조합해서 만든 무늬로, 언제나 은색과 푸른색을 배색하여 그린다. 이 색깔의 조합 이외의 베어는 베어리(vairy)라고 불리는데, 예를 들어 금색과 붉은색일 경우는 「금색과 붉은색 베어리」(Vairy or and gules)라는 호칭이 된다.

어민과 베어 외에 「포텐트」(potent)라는 모피 무늬도 존재한다. 이것은 동물의 털가죽이 아니라 T자형 기하학 무늬를 조합한 것으로, 베어와 마찬가지로 은색과 푸른색 조합이 기본이 된다.

모피색

 또 다른 색깔 분류

모피색(fur)

문장에서 사용하는 색깔 ┬ 금속색
├ 원색
└ 모피색(모피 무늬)

 어민

담비의 털가죽을 본뜬 네 종류의 무늬(4색)

은색 바탕에 검은색 담비 반점
(ermine)

검은색 바탕에 은색 담비 반점
(ermines)

금색 바탕에 검은색 담비 반점
(erminois)

검은색 바탕에 금색 담비 반점
(pean)

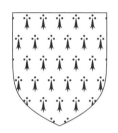

귀족 한정 색, 어민

담비는 쉽게 얻을 수 없는 동물이라 희소성이 높아, 귀족의 예복 등의 한정된 용도로만 사용되었다. 그 때문인지 문장 색깔로서의 어민은 고귀한 색깔로 여겨졌고, 대문장의 「위계복」이나 「외투」로 사용하는 사람은 왕족으로 제한되었다

베어

다람쥐 털가죽을 본뜬 무늬. 기본은 은색과 푸른색의 배색으로 그려진다. 다른 배색은 「베어리」라고 부른다

예 :
「금색과 붉은색 베어리」

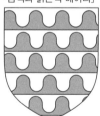 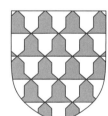

포텐트

동물의 털가죽이 아니라 T자형 기하학 무늬를 조합한 것. 베어와 마찬가지로 은색과 푸른색 조합이 기본

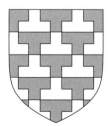 

중세 회화와 문장

13세기경에 등장한 이후, 문장은 여러 장면에서 사용되어 왔다.

전장에서 등장한 당초에는 자신의 존재를 드러내고 자신의 무용을 과시하기 위해 사용되었다. 이것은 자신의 무훈을 다른 사람과 착각해서 기록되는 일이 없도록 하기 위해서였으며, 요컨대 명예와 포상을 위해서였다.

머지않아 문장을 사용하는 사람의 가문과 혈통을 표시하는 존재가 되었고, 소유권을 명시하는 도구가 되었다. 그리고 시대가 흐르면서 점점 쓰임새가 많아지고, 계약 서류나 수령증을 비롯한 공적 성질을 지닌 증서의 인장으로 사용된 것을 시작으로, 생활 잡화와 같은 작은 물건부터 귀중품, 건축물에 내거는 간판 장식에까지 사용되었다.

이처럼 증가하는 문장의 용도 중 하나로 회화가 있다.

르네상스 미술의 사실적인 회화 기법이 아직 탄생하지 않은 14세기 이전의 시대에서는, 회화에 그려진 인물이 정형적인 묘사였기에 설명이 첨부되지 않는 상태에서는 누구를 그린 것인지 판별하기가 힘들었다. 당시에는 그려진 장면이나 소유물로 그 인물을 판별해야 하는 「그림을 보기 위한 지식」이 요구되었다.

그때 사용된 것이 문장이었다. 인물의 옆이나 입고 있는 의복 장식으로 문장을 그려 넣어서 그려진 인물이 누구인지를 나타낸 것이다. 근데 이전의 시대에서는 회화——특히 초상화에 그려진 인물 대부분은 왕후 귀족이나 기사, 향신 계급, 성직자와 같이 자산이 있는 사람들이며, 문장 소유자였다. 문장을 게시한다는 것은 그려진 인물의 신원에 관한 정보를 제시한다는 의미였다. 이 방법 역시 지식이 요구되는 것은 변함없지만, 그 인물에 대한 역사학적인 지식을 많이 요구하지 않으며, 판별 난이도는 매우 낮아진다.

또한 이 수법은 르네상스 미술이 성립한 후의 시대에도 이어져서, 수많은 역사적 회화에서도 계속 사용되었다.

그 대표적인 것이 마상 시합이나 전쟁 모습을 그린 회화다. 완전 무장한 기사나 병사들은 얼굴은커녕 체형으로도 분간할 수 없어서, 그 그림에 그려진 인물을 판별하려면 그들의 서코트(surcoat)나 방패에 그려진 문장, 또는 내걸은 군기를 근거로 알아내야만 한다. 이는 현실의 전장에서 문장을 앞세운 것과 같은 이유라고 할 수 있다.

그려진 인물의 의복에 문장을 넣는 수법은 문장감에서도 사용되었다.

15세기 중기에 편찬된 황금 양털 기사단의 문장감에서는 프랑스 국왕 샤를 7세와 샤롤레 백작 샤를(훗날 부르고뉴 공작 샤를), 브리타뉴 공작 장 5세를 비롯한 기사단원들이 말에 탄 모습으로 게재되어 있다. 그들은 각각 소유한 문장으로 염색한 듯이 그려진 서코트를 입고 있으며, 말도 전용 서코트를 걸치고 있다.

색인

221

참고문헌

『Dictionary of Heraldry』 Stephen Friar 著、John Ferguson、Andrew Jamieson、Anthony Wood 挿画
／Harmony Books

『The Dictionary of Heraldry: Feudal Coats of Arms and Pedigrees』 Joseph Foster 著 ／
Smithmark Pub

『The Complete Book of Heraldry: An International History of Heraldry and Its
Contemporary Uses』 Stephen Slater 著／Hermes House

『A New Dictionary of Heraldry』 Stephen Friar 編／Alphabooks

『西洋の紋章とデザイン』 森護 著／ダヴィッド社

『紋章学辞典』 森護 著／大修館書店

『シリーズ紋章の世界I　ヨーロッパの紋章　紋章学入門』 森護 著／河出書房新社

『シリーズ紋章の世界II　ヨーロッパの紋章・日本の紋章』 森護 著／河出書房新社

『シリーズ紋章の世界III　英国紋章物語 』 森護 著／河出書房新社

『知の再発見双書69　紋章の歴史　ヨーロッパの色とかたち』 ミシェル・パストゥロー 著、松村剛 監修、松村恵
理 訳／創元社

『オスプレイ・メンアットアームズ・シリーズ　中世の紋章　名誉と威信の継承』 テレンス・ワイズ 著、リチャード・
フック 彩色画、ウィリアム・ウォーカー 線画、鈴木渓 訳／新紀元社

AK Trivia Book No. 21

도해 문장

개정판 1쇄 인쇄 2022년 1월 25일
개정판 1쇄 발행 2022년 1월 30일

저자 : 신노 케이
번역 : 기미정

펴낸이 : 이동섭
편집 : 이민규, 탁승규
디자인 : 조세연, 김현승, 김형주
영업 · 마케팅 : 송정환, 조정훈
e-BOOK : 홍인표, 서찬웅, 최정수, 김은혜, 이홍비, 김영은
관리 : 이윤미

㈜에이케이커뮤니케이션즈
등록 1996년 7월 9일(제302-1996-00026호)
주소 : 04002 서울 마포구 동교로 17안길 28, 2층
TEL : 02-702-7963~5 FAX : 02-702-7988
http://www.amusementkorea.co.kr

ISBN 979-11-274-5054-0 03900

図解 紋章
"ZUKAI MONSYOU" written by Kei Shinno
Copyright©Kei Shinno 2013 All rights reserved.
Illustrations by Takako Fukuchi 2013.
Originally published in Japan by Shinkigensha Co Ltd, Tokyo.

This Korean edition published by arrangement with Shinkigensha Co Ltd, Tokyo
in care of Tuttle-Mori Agency, Inc., Tokyo